絶対上達！野球練習「走・攻・守」完全マニュアル

慶應義塾体育会野球部　総監督　**江藤省三** 監修

LEVEL UP BOOK

実業之日本社

時代と共に変わる野球① ルール

より魅力的な スポーツであるために

より魅力的なスポーツに進化するために、野球はルールの変更を、これまでに幾度となく繰り返してきました。国際基準に合わせる動きもあります。

Hot Topics about Baseball

かつては21点先取制、投手は下手投げ限定だった

　野球はその有史以来、ルールが変更され続けているスポーツです。誕生した当初は21点先取制でしたが、それでは試合時間が長くなりすぎるために、1957年に9回終了時に得点数が多いチームを勝ちとするルールができました。

　投球においても、かつては下手投げ（アンダースローではなく、スナップを使わないボールトス）のみが許可されていて、打者は、投手にコースを指定することができたという経緯があります。

　ルール変更の狙いには「試合時間の短縮化」と「試合のスリリング化」の2つが挙げられるといわれています。

国際基準に合わせて「SBO」から「BSO」へ

　国際基準に合わせるために、日本野球界でも2011年、ボールカウントの表示を「SBO」から「BSO」へと変更。従来、「1-2」といえば「1ストライク、2ボール」を表していたのに対し、今は「1ボール、2ストライク」を意味します。球場のスコアボードもそれにともない変更されましたが、長らく「SBO」制に慣れてきた往年のファンにとっては違和感を唱える意見も残り、今後どのように根付くか、成り行きが注目されます。

　時代の流れに呼応し、柔軟に、適切に変更される野球のルール。それは今後も、野球がより魅力的なスポーツなるために、進化し続けるに違いありません。

絶対上達！
野球練習「走・攻・守」完全マニュアル
CONTENTS

時代と共に変わる野球① ルール
より魅力的なスポーツであるために ………………………………… 2

第1章 送球・捕球

[キャッチボール編]
menu 001	ヒジを直角にして投げる	12
menu 002	トスしてもらって投げる	13
menu 003	連続クイックキャッチ＆スロー	14
menu 004	ヒジを引き上げて投げる	15
menu 005/006	距離を伸ばしたボール回し	16
menu 007	目的を作ってキャッチボール	17
menu 008	ヒザ立ちキャッチボール	18
menu 009	バウンドさせたボールでグラブ裁きを覚える	20
menu 010	歩いてキャッチボール	22
menu 011	遠投	23
menu 012	ケンカキャッチボール	24

[捕球編]
menu 013/014	ゴロを片手で受けてそのまま返す	26
menu 015	ゴロを両手で受けて返球	28
menu 016	捕ったら身体の中心で収める	30
menu 017	反対側の手でボールにフタをする	31
menu 018	ロープの下で低い姿勢から左右のボールを捕る	32
menu 019/020	ランニングスロー	34
menu 021	両ヒザを着けたハンドリング	36
menu 022	ハーフバウンドに合わせる	38

第2章 打撃

[バント編]

menu 023	片手で半速球をバントする	40
menu 024	バットが顔と同じくらいの高さになるように構える	42
menu 025/026	ヒザを使って低めのバント	43
menu 027	送りバントを決める	44
menu 028	送りバントのエリア	45
menu 029	ランナーを二塁に進めるための送りバント	46
menu 030	ランナーを三塁に進めるための送りバント	47
menu 031	スクイズバントを決める	48
menu 032	スクイズバントのエリア	49
menu 033	セーフティーバントを決める	50
menu 034	プッシュバントを決める	51
menu 035	ランナーをつけたケース別のバント練習	52
menu 036	バント攻撃だけの紅白戦	53

[スイング編]

menu 037	バットと手首で直角を作る	54
menu 038	グリップから始動する	55
menu 039	手首を支点にして振り出す	56
menu 040-042	内、中、外を打つポイントを知る	57
menu 043	素振り練習	58
menu 044	スタンドティーで打つポイントを知る	60
menu 045	ロングティーで飛距離を出す	61
menu 046	サンドバック相手のスイング	62
menu 047	フェンス際でバットの出し方を覚える	63
menu 048	足を大きく広げたままティーバッティング	64
menu 049	長いバットでスイング	66
menu 050	連続ティーバッティング	67
menu 051	2歩前にステップして打つ	68
menu 052	後ろから来たボールを打つ	69
menu 053	短いバットでティーバッティング	70

menu 054	座りながらティーバッティング	71
menu 055	バスター練習	72
menu 056	逆方向へ打つ	74
menu 057	内角のボールを打つ	75
menu 058	カーブを打つ	76
menu 059	ゆるいボールを打つ	77
menu 060-062	打つ角度を覚える	78
menu 063	ランナーを確実に進めるヒットエンドラン	79
menu 064	ヒットエンドランのエリア	80
menu 065	ランエンドヒット	81
menu 066	カウント毎のバッティング	82

第3章 走塁

menu 067-070	理想の走塁コースを知る	84
menu 071	リードのとり方	85
menu 072	セーフティリード	86
menu 073	ワンウェイリード	87
menu 074	ツーウェイリード	88
menu 075	リードオフ（第2リード）	89
menu 076	二塁ランナーのリード方法	90
menu 077	打球を判断して動く	91
menu 078/079	二塁、三塁ランナーの判断力強化	92
menu 080-082	モーションを盗む	93
menu 083	二盗をねらう	94
menu 084	三盗をねらう	96
menu 085	ヘッドスライディングで帰塁する	98
menu 086	ストレートスライディング	100
menu 087	フックスライディング	101
menu 088	ディレード・スティール	102
menu 089	スタートダッシュを鍛える	103

時代と共に変わる野球② プレイスタイル
プレイスタイルから見た野球の面白み ……………………………… 104

第4章 投手

menu 090	足を大きく広げたまま投げる ……………………………………	106
menu 091	上り坂を利用して投げる …………………………………………	108
menu 092	ガラスに向かってシャドーピッチング ……………………………	109
menu 093/094	打者を立たせて投球練習／ストレート ……………………………	110
menu 095/096	カーブ／シュート …………………………………………………	111
menu 097-099	スライダー／フォーク（スプリット）……………………………	112
menu 100/101	ツーシーム／チェンジアップ ……………………………………	113
menu 102	ロープとロープの間のストライクゾーンに投げ込む ……………	114
menu 103	クイックモーション ………………………………………………	116
menu 104/105	けん制練習（一塁、二塁）………………………………………	118
menu 106	けん制練習（三塁）………………………………………………	120
menu 107	キャッチャーを相手にけん制練習 ………………………………	121
menu 108	一塁へのベースカバー ……………………………………………	122
menu 109	ノーアウト一塁のバント守備（二塁へ送球）…………………	123
menu 110	ノーアウト一、二塁のバント守備（三塁へ送球）……………	124
menu 111	ノーアウト三塁のバント守備（本塁へ送球）…………………	125
menu 112	寝転がったままスナップでボールトス …………………………	126
menu 113	ランニング①（ダッシュ＆ジョグ）……………………………	127
menu 114/115	ランニング②（ポイントタッチ）／ランニング③（タイヤ押し）…	128

第5章 捕手

menu 116	正しく構える ………………………………………………………	130
menu 117	ロープの下をくぐって捕球する …………………………………	131
menu 118	後ろからきたゴロの捕球 …………………………………………	132
menu 119	地面に描いた十字でフットワーク練習 …………………………	133
menu 120	十字から前へ進むフットワーク練習 ……………………………	134

menu 121	握り替えの練習	135
menu 122	ボールを使ったフットワーク練習	136
menu 123	捕球から送球態勢への流れ	137
menu 124	円を使ったキャッチとタッチ	138
menu 125/126	本塁タッチプレイ時の正しいポジションを覚える	140
menu 127/128	ショートバウンドの捕球練習①	142
menu 129	ショートバウンドの捕球練習②	144
menu 130	スローイング	145
menu 131/132	バントから各塁への送球①	146
menu 133	バントから各塁への送球②	148
menu 134	キャッチャーフライ	149

時代と共に変わる野球③ 海外挑戦
世界を舞台に活躍する日本人 …… 150

第6章 守備

[内野手編]

menu 135	正しく構える	152
menu 136/137	左右のゴロをダッシュして捕球	153
menu 138	ステップ&スロー	154
menu 139	ワンバウンドの送球	156
menu 140	3人リレーキャッチボール	157
menu 141	ランダウンプレイ	158
menu 142	タッチプレイ	159
menu 143-148	ダブルプレイでのセカンドのベースの入り方	160
menu 149-152	ダブルプレイでのショートのベースの入り方	162
menu 153/154	バックハンドの捕り方（セカンド、サード）	164
menu 155/156	二遊間の連係プレイ①	166
menu 157/158	二遊間の連係プレイ②	168
menu 159/160	ファーストの捕球	170
menu 161	バントシフト戦術	172

[外野手編]

menu 162	ダッシュしてトスを捕球する	174
menu 163	ダッシュしてワンバウンドを捕球する	175
menu 164	ダッシュしてフライを捕球する	176
menu 165	ダッシュから振り返ってフライを捕球する	177
menu 166	投げる方の足を前に出してゴロ捕球	178
menu 167	アメリカンノック	179
menu 168	クッションボールの処理	180

第7章 フォーメーション

menu 169	カットプレイの入り方	182
menu 170	ランナーなし 左中間への長打	183
menu 171	ランナーなし レフト線への長打	184
menu 172	ランナー一塁 左中間への長打	185
menu 173	ランナー二塁 レフト前ヒット	186
menu 174	ランナー一、三塁 レフトフライ	187
menu 175	ランナー一、二塁 レフトへの深いフライ	188
menu 176	ランナー三塁 定位置のレフトフライ	189
menu 177	ランナー二塁 センター前ヒット	190
menu 178	ランナー三塁 センターフライ	191
menu 179	ランナー一、二塁 センター前ヒット	192
menu 180	ランナー二、三塁 センターフライ	193
menu 181	ランナーなし 右中間への長打	194
menu 182	ランナー一、二塁 ライト前ヒット	195
menu 183	ランナー一塁 右中間への長打	196
menu 184	ランナー一塁 ライト前ヒット	197
menu 185	ランナーなし ライト線への長打	198
menu 186	ランナー一塁 ライト線への長打	199
menu 187	ランナー二塁 深いライトフライ	200
menu 188	ランナー二、三塁 ライトフライ	201

時代と共に変わる野球④ 設備
楽しめる観戦スタイルを新提案! ……………………………… 202

第8章 ウォーミングアップ

menu 189/190	首のストレッチ／肩回し ………………………………………	204
menu 191/192	腕を伸ばして肩回し／壁を使った肩のストレッチ ………………	205
menu 193	腕を伸ばして肩甲骨の運動 …………………………………………	206
menu 194	ヒジを曲げて肩のストレッチ ………………………………………	207
menu 195/196	肩の伸展と腰の屈曲／手首のストレッチ …………………………	208
menu 197/198	手首と足首を回す／キャット&ドッグ ……………………………	209
menu 199/200	両ヒザを着いてひねる／腰の側屈 …………………………………	210
menu 201/202	ヒザ回し／上半身をひねる …………………………………………	211
menu 203/204	開脚前屈／全身をひねる ……………………………………………	212
menu 205/206	バットを持って前に進む／バットを持って横に進む ……………	213
menu 207/208	2人1組でヒジと肩のストレッチ／2人1組で肩甲骨周りのストレッチ …	214
menu 209/210	2人1組で下半身のストレッチ①／2人1組で下半身のストレッチ② …	215

付録① 試合日誌のつけ方　夢をかなえる「野球日誌」 ……………… 216
　　　　コピーして使える「試合日誌」 ……………………………… 218
付録② 試合と練習の年間スケジュール　年間計画を立てて強化に励もう …… 220

あとがきにかえて ……………………………………………………………… 222

[イラスト図の見方]
守備の動きは ──→ 、送球は ---→ 、打球は ──→ で表しています。

第1章
送球・捕球

基本中の基本となる投げる動作、捕る動作の練習です。
キャッチボールひとつにしても、個々の身体の動かし方に注意を払い、繰り返し取り組むようにします。

menu 001 ヒジを直角にして投げる

BASEBALL Lesson Menu 210

キャッチボール
時間　5分程度
道具　ネット

ねらい
ヒジが直角よりも開かないように投げます。反復練習により、正しい投げ方を覚えましょう。開いたまま投げてしまうと、力が伝わりづらく、ヒジを痛めやすくなります。

練習方法
① ネットから4〜5m離れた位置で、正対して立つ
② 両ヒジを直角に曲げ、肩の高さまで上げる
③ 投げる方の腕のヒジを身体の後ろへ引き、反対側のヒジはネットの方向に向ける
④ ヒジを直角より開かないようにし、身体の回転を利用して投げる

1　両ヒジを直角に曲げる
2　右ヒジを身体の後ろへ引く 

3　ヒジを直角より開かないようにする
4　最後は手首のスナップを利かせる

 **指導のポイント**

直角以内、内側に閉じる
ボールを投げる基本の形となります。この投げ方ができないと球威が弱くなり、遠投の力もつきません。
直角以内、内側に閉じるイメージを持つと覚えやすいでしょう。

 **ここをチェック**

ヒジの開き方
投げ方に悪いクセがついていないか、ヒジが開いていないかチェックしてください。一度ついてしまうとなかなか修正できないものです。

menu 002 トスしてもらって投げる

キャッチボール
時間 5分程度
道具 ネット

ねらい
一連の捕球してから投げる動きを身につけます。捕球をしたら、身体の中心にボールを引き寄せるよう習慣づけます。前ページのヒジを角度も意識しましょう。

練習方法
① ネットから4〜5m離れた位置で、2人1組が2mくらい離れて向き合う
② ボールをゆっくり投げてもらい、素手で捕球したボールを身体の中心に収める
③ ボールを持った手は後ろへ、反対側の手は前へ、両手を大きく開く
④ ネットの中心に向けて投げる

両手で捕球する準備をする

捕球し、ボールを身体の中心に引き寄せる

胸をしっかり張り、送球体勢を作る

目標となるネットに向かって投げる

指導のポイント / 両手を身体の中心に
どのような体勢でも、捕球をしたら、必ずボールを身体の中心に持っていきます。次の送球をする動きを焦ってしまうと、この動きがおろそかになるので注意が必要です。

ここをチェック / ゆっくり行う
一連の動きがスムーズにいかない場合は、捕球→両手を身体の中心に持ってくる→送球という動きを、ゆっくりひとつずつ見直しながら行ってみてください。

menu 003 連続クイックキャッチ&スロー

BASEBALL Lesson Menu 210

キャッチボール
時間　5分程度
道具　ネット

ねらい
捕球から送球までの動きのスピードを高めます。投手、捕手、野手、全ての選手に必要な動きです。確実かつ素早い反応を身につけるようにします。

練習方法
① ネットから4〜5m離れた位置で、2人1組が2mくらい離れて向き合う
② 投げてもらったボールを捕球して、素早く正面へ投げる
③ ボールを出す人は相手が投げたことを確認してから次のボールを出す

1　ボールをよく見て、確実に両手で捕球する

2　捕球したと同時に利き手に持ち替える

3　素早い動きで送球体勢に入る

4　目標となるネットに向かって投げ、次のボールへ

指導のポイント　握り替えのスピード
捕球したのと同時に利き手でボールを持ち替えて、しっかり握る動きをマスターさせます。

ここをチェック　ダブルプレイで活かす
内野手がダブルプレイの時に活かせる動きでもあります。ひとつでも多くアウトをとれるよう繰り返し練習してください。

menu 004 ヒジを引き上げて投げる

BASEBALL Lesson Menu 210

キャッチボール
時間　5分程度
道具　ネット

ねらい
ヒジを肩の上まで引き上げ、手首のスナップを利かせて投球します。ヒジが下がったままで投球をすると、肩やヒジを痛める原因にもなります。

練習方法
1. ネットから4〜5m離れた位置で、2人1組で向き合う
2. 足は肩幅より広く開き、腰を落として構える
3. ボールをゴロで出してもらい捕球する
4. 利き手に握り替え、手首を曲げ、ヒジと一緒に持ち上げる
5. 手首の回転を意識して、ネットに向かって投げる

01 送球・捕球
02 打撃
03 走塁
04 投手
05 捕球
06 守備
07 フォーメーション
08 ウォーミングアップ

1　腰をしっかり落とし、捕球体勢に入る

ZOOM UP!
ヒジを肩の上まで引き上げる。下げたまま投げると故障の原因になる

2　捕ったらヒジを引き上げる

指導のポイント
手首の使い方を確認
スナップを利かせないと、投球のコントロールが悪くなり、スピードも出ません。目標に向かって、手首の回転を意識しながら練習します。

3　スナップを利かせて送球する

チェック
手首を外側にひねる
手を引き上げる時は、手首に軽く緊張感を持ちます。ヒジを肩より引き上げ、手首を外側にひねると回転のいい投球ができるようになります。

15

menu 005/006　距離を伸ばしたボール回し

BASEBALL Lesson Menu 210

キャッチボール　時間 5分程度

ねらい
塁間のボール回しは基本ですが、より距離を離して送球練習することで、スピードとコントロールの正確さが身につきます。タイムを計るなど、緊張感を保つ工夫が必要です。

練習方法
1. 各塁から離れる
2. 相手に対して正確に届くように送球する
3. 捕球したら、相手に対して返球する（塁間の場合はタッチを入れる）
4. 送球から返球の動きを、各塁間毎で回して行う

menu 005　キャッチャーの場合

1　試合で送球を待つように捕球体勢を作る
2　捕ったらすぐ、目標の塁へ送球する

各塁の定位置から距離をとって練習する

menu 006　セカンドの場合

1　二塁ベースよりも少し後方に距離を置いて捕球

指導のポイント

実際の距離で余裕を持てるように

練習する人と人の間の距離は30～33mに設定します。この距離で練習して慣れておくと、実際の塁間の送球では余裕を持って取り組むことができます。

ここをチェック

塁間の場合は必ずタッチを

常にゲーム、走者を意識するよう、捕球をしたら必ずタッチを入れます。アウトにするために、送球も低く速いボールがいくようになります。

menu 007 目的を作ってキャッチボール

キャッチボール
時間 5分程度

ねらい
ステップの方向、ヒジの高さ、ボールの回転を意識し、基本を徹底させます。大勢いる時でも、ペアを組ませて、短時間で効率のいい練習ができます。

練習方法
1. 2人1組で、6〜7m離れて向き合う
2. 目的をひとつ決め、それを意識しながら投げる
3. 捕る側も、投げる側ができているかチェックする

相手のヒジの高さ、角度を見る

ペアを組み、相手を観察することで、集中力が身につく

投げたボールの回転を確かめる

指導のポイント

正しいステップ

踏み出す足が着地する時に内側を向き、親指の付け根に体重を乗せるようにします。投げ終わったら、つま先が目標に真っ直ぐ向いていたらOKです。

ここをチェック

ヒジの高さ、角度、ボールの回転

ヒジの高さが肩より上で、角度は直角以内になっているか。ボールの回転が真っ直ぐ縦方向に回転しているか確認します。

01 送球・捕球
02 打撃
03 走塁
04 投手
05 捕手
06 守備
07 フォーメーション
08 ウォーミングアップ

17

menu 008 ヒザ立ちキャッチボール

BASEBALL Lesson Menu 210

キャッチボール

時間 5分程度

1
上半身に意識を集中させる

2
捕球してからボールを握り替える

上半身の動きに集中

両ヒザを着くことで下半身の動きを制限し、上半身の動きに意識を向けさせます。肩、ヒジ、手首の動きを正確に覚えさせましょう。強く投げようとして、上半身がブレたりしないように気をつけます。

ねらい
地面に両ヒザを着けて、下半身の動きを固定することで、腕や腰など上半身の動きを確認することができます。

練習方法
① 2人1組になり、10m間隔を空けて向き合う
② 練習する人が、その場で両ヒザをつく
③ キャッチボールをする
※ 指導者は上半身の動きが正しいか確認する

3
ヒジを肩より上に引き上げる

4
手首のスナップを利かせて送球する

ここをチェック　ピッチャーにも有効
この練習では、頭を動かさずに、テイクバックからリリースポイントまでの感覚をつかむことができます。
また、自分に合った自然な腕の振りを覚えることができます。

menu 009	BASEBALL Lesson Menu 210

バウンドさせたボールでグラブ裁きを覚える

- キャッチボール
- 回数　10回×3
- 時間　5分程度

正面はグラブを立てて捕球する　　　　シングルハンドは面を相手に見せるように

捕球時のグラブ面は常に相手に見せ、腰をしっかり落とす

ボール出しの時は高いバウンドで

高めのバウンドになるようボール出しをしてください。コンクリートの上で練習するのも良いでしょう。また様々な打球に対応できるよう、高さ、方向、速さを変えることも必要です。

| ねらい | 捕りやすいバウンドの打球がいつも飛んでくるとは限りません。バウンドの中間で合わせる練習をします。 | 練習方法 | ① 地面が硬い場所を選び、10mくらいの間隔を空けて2人が向き合う
② ボールが2回ぐらいバウンドする程度に投げる
③ 地面とバウンドの最高点の間の高さに合わせて捕球する |

グラブは必ず下から出す 　　　　　　　左右に振られても、ボールを見て捕球する

慣れてきたらボール出しする人は、ランダムにボールを出す

menu 010 歩いてキャッチボール

BASEBALL Lesson Menu 210

キャッチボール
時間 5分程度

ねらい
送球時に必要な、「捕る」→「ボールを握り替える」→「投げる」という基本の流れを、歩くリズムに合わせて覚えていきます。

練習方法
1. 2人1組になり、10mくらいの間隔を空けて向き合う
2. 一方が前へ歩き、もう一方が後ろへ下がりながらキャッチボールをする
3. 前へ歩く人が「イチ、ニ、サン」のリズムで送球する
4. 右投げの場合、左足を出すタイミングで投げるようにステップを合わせる

1 左足を踏みこんで捕球する（イチ）

2 右足を出しながらボールを握り替える（ニ）

3 左足で踏み出して、送球する（サン）

ZOOM UP!

横一列に並ぶことで、リズムが合わせやすくなります。みんなで声を出すと、練習に活気が出て、チームの一体感が高まります。

指導のポイント

ステップ&スロー

送球の基本である「ステップ&スロー」を、前へ歩きながらキャッチボールすることで覚えていきます。全ての送球を、必ず1歩踏み出しながらするようにマスターします。

ここをチェック

リズムを合わせる

捕球から送球までのリズムが合っているかチェックします。タイミングがずれていたら、捕るタイミングにステップを合わせます。止まらずに歩き続けることが大切です。

menu 011 遠投

BASEBALL Lesson Menu 210

キャッチボール
時間 10分程度

ねらい
遠くまでボールを投げることで肩を強化します。大きなフォームをすることで、肩の関節の動きをスムーズにする効果もあります。

練習方法
① 2人1組になり、60〜80mの間隔を空けて向き合う
② 投げる時は、3〜5歩助走をつける
③ 軸足（後ろ足）へ体重を乗せ、踏み出す足（前足）に体重を移す
④ 前足の拇指球で踏み込み、ヒジが直角以上開かないように投げる
⑤ 低い軌道を意識し、頭が下がらないようにする

1　助走をつけて、投球体勢に入る 
2　軸足に体重を乗せ、大きく振りかぶる

3　踏み出した足にしっかり体重を移す
4　回転のいい送球ができたか確認する

指導のポイント　基本動作にそって行う
遠くへ投げようと力が入り、フォームを乱していないか気をつけましょう。頭が前へ下がってしまったり、スタンスを広げすぎてバランスを崩してしまう場合があります。あくまでも基本動作にそって行います。

ここをチェック　低い軌道を目指す
高く山なりの遠投は肩を痛める危険もあります。
低い軌道で、回転のいいボールが投げられているかチェックしてください。

01 送球・捕球
02 打撃
03 走塁
04 投手
05 捕手
06 守備
07 フォーメーション
08 ウォーミングアップ

23

menu 016 捕ったら身体の中心で収める

BASEBALL Lesson Menu 210

捕球 / 時間 5分程度

ねらい
捕球したボールを、身体の中心に収める動きを意識づける練習です。フォームが安定し、正確な送球ができるようになります。

練習方法
1. 2人1組になり、3mぐらい離れて向き合う
2. ゴロを出し、そのボールを捕ったら必ず身体の中心に収める
3. 相手に返球する

1 両手でボールを捕りにいく 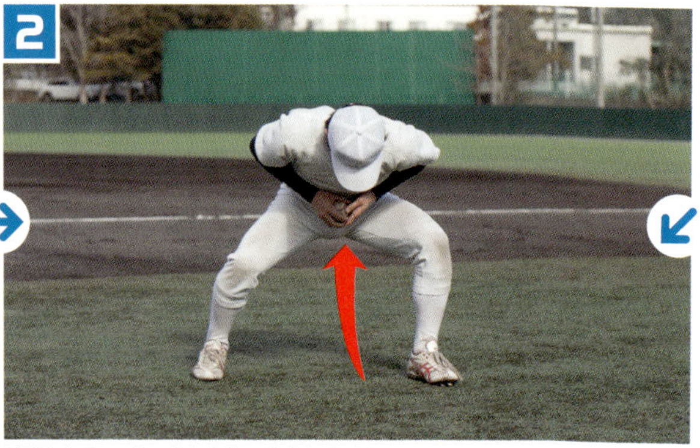
2 捕球したら、ボールを身体の中心に収める

3 軸足から踏み出す足へ体重移動させる

4 ボールを握り替え、送球体勢に入る

指導のポイント　必ず身体の中心に
どんな体勢で捕球しても、必ず身体の中心にボールを収めましょう。ボールの握り替えがしやすくなります。ステップと連動させ、体重が軸足に乗っている時に身体の前へボールを戻すのが理想的です。

ここをチェック　一連の動きを習慣づける
前のページの練習から、さらに安定したフォームになるための練習です。片手、両手で捕球するゴロを受け、一連の動きを習慣づけるよう心がけます。ボールを収めないで送球してみると違いが分かり、より理解が深まります。

menu 017

BASEBALL Lesson Menu 210

反対側の手でボールにフタをする

捕球

時間 5分程度

ねらい
グラブを持っていない手（利き手）でボールにフタをして押さえる基本練習です。ゴロだけでなく、どんな捕球でも自然にできるくらい身につけるべき大切な動きです。

練習方法
1. 2人1組になり、3mぐらい離れて向き合う
2. バウンドの高さを変えてキャッチボールをする
3. 捕球の時には利き手でフタができるように準備する
4. フタをした手で素早くボールを持つ

捕球の時、利き手でフタをする準備をする

グラブの上からフタをする

グラブからボールを利き手に握り替える

指導のポイント　グラブの上からフタをする
捕球で重要なのは、グラブをはめた方の手よりも反対の手の使い方です。グラブの上からフタができる位置に構え、捕球したボールを押さえるための準備をさせます。

ここをチェック　両手で確実に捕球
次の送球に素早く移るには、確実な捕球が大切です。グラブで捕って、反対の手でフタをすることで落球を防ぎ、送球へのスムーズな動きにつなげます。

01 送球・捕球
02 打撃
03 走塁
04 投手
05 捕球
06 守備
07 フォーメーション
08 ウォーミングアップ

menu 018 BASEBALL Lesson Menu 210

ロープの下で低い姿勢から左右のボールを捕る

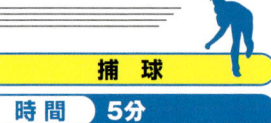

捕球
時間　5分
道具　ロープもしくはヒモ

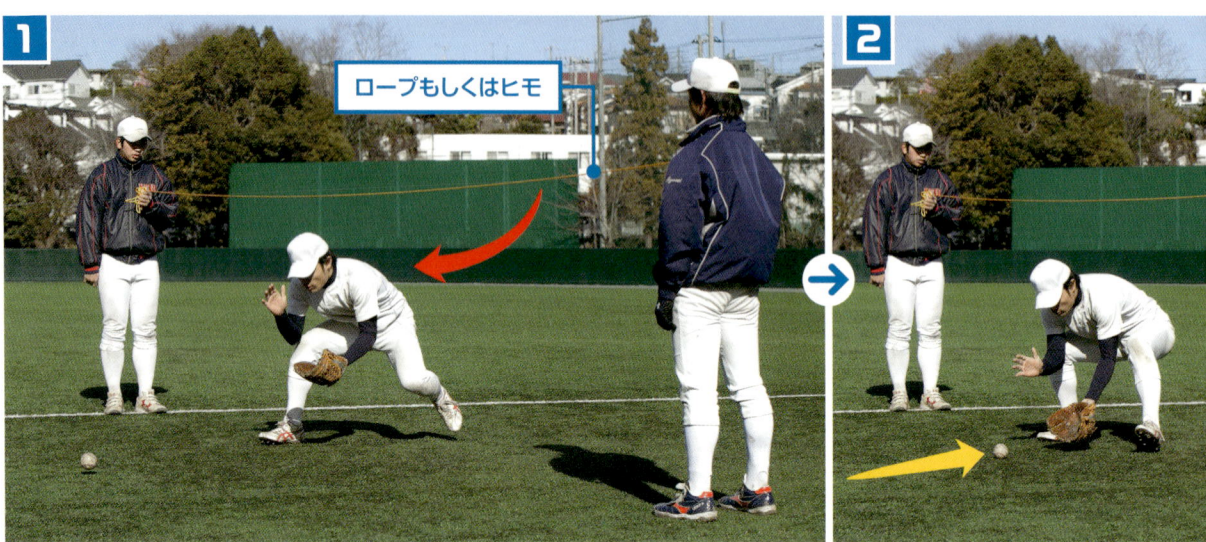

1 ロープの下をくぐって捕球体勢に入る

2 低い姿勢を保ち、ボールをしっかり見る

4 ボールを身体の中心に引き寄せる

5 素早く握り替えて、送球姿勢に入る

| ✓ ねらい | 腰を浮かせず低い姿勢を保ちながらゴロを捕る練習です。下半身の動きがよくなり、早く捕球姿勢が作れるようになります。 | ✓ 練習方法 | ① 4人1組になり、2人は構えている選手の頭の高さに合わせて、ヒモを張る
② 練習する人は腰を落として構える
③ 4人目が左右に分けて、ゴロを出す
④ ロープをくぐり捕球する |

グラブで捕球し、利き手でフタをする

指導のポイント ― 常に低い姿勢を意識させる

立ったままの姿勢は機敏な動きに向きません。ヒモをくぐる動作で、低い姿勢を意識できるようになります。強度が高い練習なので、ウォーミングアップをしっかり行った後で練習させてください。

ここをチェック ノックで実践練習

この練習で低い姿勢を意識できたら、早速ノックで実践練習してみてください。ノックとセットでメニューに組み込むと効果的です。

BASEBALL Lesson Menu 210

ランニングスロー

捕球

時間 10分程度

menu 019　クラブキャッチ

前進して、グラブで捕りにいく

ボールを身体の中心に引き寄せる

menu 020　素手キャッチ

前進して素手で捕りにいく

捕球したら、素早く送球体勢に入る

指導のポイント　弱い打球は素手で捕るのもアリ

打球が弱い場合には、利き手で直接捕って投げた方が、走者をアウトにする確率が高まります。ただし、迷った場合はグラブで確実に捕りに行きましょう。

> **ねらい**
> 間一髪のプレイをアウトにするために、少しでも早くボールを捕って投げる練習です。

> **練習方法**
> ① 定位置で、ボール出しする人に向かって構える
> ② ボール出しする人は、練習する人に向かってボールを転がす
> ③ 転がったボールを走りながら捕り、素早く一塁へ投げる

素早くボールを握り替え送球体勢に

重心を右足にかけ、一塁へ強い球を投げる

バランスを保ちながら、ヒジを引き上げる

スナップを利かせて、一塁へ送球する

> **ここをチェック　足元を動かす**
> 捕球、送球を急ぐあまり、前のめりで捕ったり、無理な体勢から送球するとバランスを崩し、いいボールが投げられません。また、身体も痛めてしまいます。まずは足元を動かして捕球することを心掛けてください。

menu 021 両ヒザを着けたハンドリング

BASEBALL Lesson Menu 210

捕球 / 時間 5分程度

左側への打球

1 両ヒザを地面につけ、捕球の準備をする

2 ノッカーは選手の左側にノックを打つ

右側への打球

1 両ヒザを地面につけ、捕球の準備をする

2 ノッカーは選手の右側にノックを打つ

指導のポイント：グラブ内の手の角度

捕球をする時、グラブ内の手の角度に注意します。身体の左側で捕る場合は手首を内側に絞り、グラブの中心を正面に向けます。身体の右側、逆シングルで捕る場合は外側にくる小指側を正面に向けます。

ねらい	練習方法
両ヒザを着けたまま、ノックを受けることでハンドリングを覚えます。シングルハンドで、左右に振られる打球を確実に捕るようにします。	① ノッカーと15mぐらい間隔を空け、両ヒザを地面に着けて構える ② 打球に強弱をつけたノックをする ③ 上下左右にくるボールに対して、グラブが正面を向くように手元を動かす ④ ボールを捕って、返球する

ボールの弾み方をよく見る

グラブの中心を正面に向けて捕球する

ボールの弾み方をよく見る

グラブ外側の小指が正面を向くように捕球する

ステップアップ 広範囲の打球に対応

シングルハンドで捕るほうが、両手で捕るよりも捕球できる範囲が広がることを理解させてください。左右に振られる打球やショートバウンドなどで、ハンドリングを習得します。アメリカ大リーグのキャンプでもよく行われる練習です。

menu 022 ハーフバウンドに合わせる

捕球
回数　10回×3セット
時間　5分程度

ねらい
バウンドした打球に対して、確実に捕球できる場所を見極め、バウンドの中間にタイミングを合わせて捕る練習をします。

練習方法
1. 地面が硬い場所を選び、10mの間隔に2人が向き合う
2. ボールが2回ぐらいバウンドする程度にノック
3. 地面とバウンドの最高点の間の高さに合わせて捕球する

構えて、捕球の準備をする

ノッカーは高いバウンドの打球を打つ

バウンドに合わせて捕球する

指導のポイント　ノッカーは高いバウンドで

ノッカーは叩きつけるような高いバウンドを打ってください。様々な打球に対応できるよう、高さ、速さを変えることも必要です。イレギュラーなボールの動きにも注意が必要です。

第2章

打撃

攻撃野球の象徴ともいえるバント練習からはじめ、いろいろなスイング練習を紹介していきます。
少年から社会人、プロ、アマを問わず、バッティング技術の底上げを狙います。

02

menu 024

BASEBALL Lesson Menu 210

バットが顔と同じくらいの高さになるように構える

バント

時間 3分程度

ねらい
ボールとバットを同時に視野に入れる練習です。こうすることで、ボールを確実に転がすことができるバントが身につきます。

練習方法
1. バッターボックスでバットが顔の近くにくるように構える
2. ピッチャーがボールを投げる
3. ボールに合わせてバントをする
4. 5〜10本で他の選手と交代する

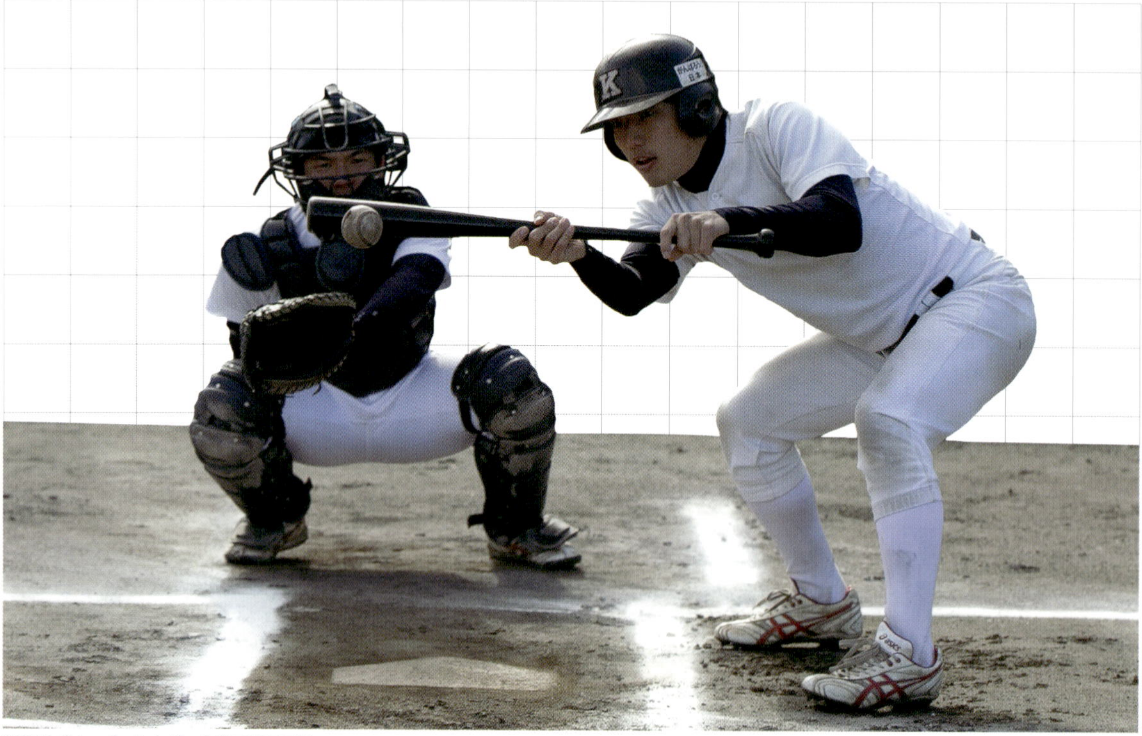

顔を近づけ、ボールとバットを同時に見る

基本の動き
バントは目的によって種類が異なります。しかし、目線とバットを同じ高さにすることは共通した基本の動きです。まずはこの動きを確実に覚えさせてください。

目線が大切
ストライクゾーンの一番上のラインで、バットを構えます。目線はバットとボールを結ぶライン上に置きます。上から下への下がる動きは目線を合わせやすいので、確実にバントすることができます。

ヒザを使って低めのバント

BASEBALL Lesson Menu 210

menu 025 / 026

バント 時間 3分程度

ねらい 低めにきたボールに対応する動きを覚えます。腕を振ってバットに当てるのではなく、ヒザの屈伸を使って高さを調整します。

練習方法
① バッターボックスで、バットの近くに顔がくるようにバントの構えをする
② ピッチャーは低めをねらってボールを投げる
③ バッターはヒザの屈伸を使ってバントをする
④ ピッチャーはたまに少し高めのボールも混ぜる
⑤ 5〜10本で他の選手と交代する

menu 025 低めのバント

ヒザを曲げて、投球に対応する

ボールをしっかり見て、確実に転がす

menu 026 少し高めのバント

下からバットを出さないように気をつける

指導のポイント ヒザの屈伸を使う
腕の動きだけでバットにボールを当てようとすると、距離が開いて目線がブレ、確実性がなくなります。腕は動かさず、ヒザの屈伸を使ってバントさせます。

ステップアップ 捕球の構えにも応用
ヒザを使ってボールの高低差に対応する動きは捕球の構えにも応用できます。この時、頭の位置を安定させることに気をつけてください。

01 送球・捕球
02 打撃
03 走塁
04 投手
05 捕手
06 守備
07 フォーメーション
08 ウォーミングアップ

43

menu 027 送りバントを決める

BASEBALL Lesson Menu 210

バント
時間 5分程度

ねらい
ランナーを確実に進めて得点をねらうために、送りバントの習得は欠かせません。どんな時でも、ねらったコースへ確実に転がせるようにしましょう。

練習方法
① バッターボックスでバントの構えをする
② ピッチャーは投球する
③ 狙ったところに確実に転がして走り出す
④ 5〜10本で他の選手と交代する

ボールをよく見る

上体がぶれないようにボールに当てる

指導のポイント

確実にランナーを進める

バントの基本は送りバントです。試合では重要な作戦のひとつになることを選手に説明してから練習します。バントで確実にランナーを進められるように、何度も練習させてください。

ねらったところへ確実に転がす

ここをチェック

5つのポイント

構える場所はバッターボックスの前方、ストライクだけをバントする、目線の近くでバットを水平に構える、ヒザの屈伸でボールに合わせる、ボールがバットに当たる瞬間まで目を離さない、以上のことを押さえて行えば成功間違いなしです。

menu 028 送りバントのエリア

BASEBALL Lesson Menu 210

バント
時間 10分程度

ねらい
送りバントを成功させるためにねらうエリアを学びます。実際の練習でランナーを確実に進められるバントを習得しましょう。

練習方法
1. 内野手は守備につき、ランナーは準備をする
2. ピッチャーが投球をしたら、バッターは送りバントをする
3. バッターを交代して練習する

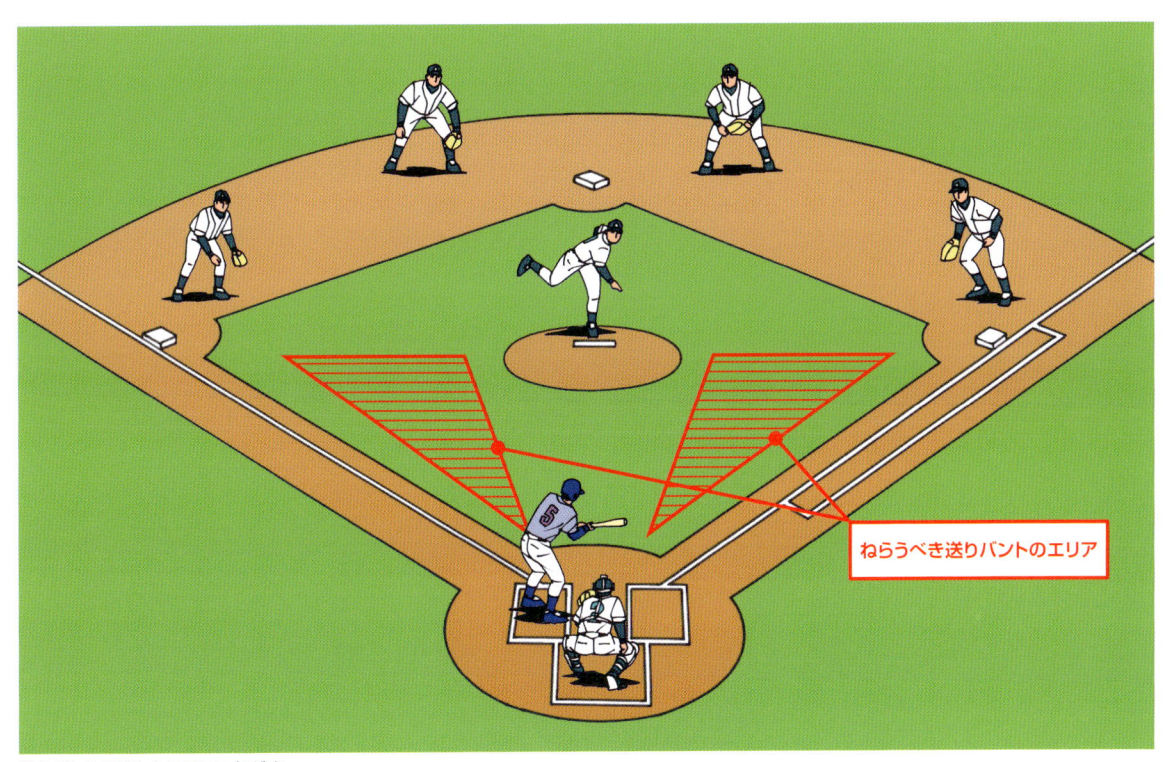

送りバントに適したエリアへ転がす

ねらうべき送りバントのエリア

指導のポイント
ストライクだけをバントさせる

バッターは確実に転がして、ランナーを進めます。0ストライク、1ストライクのカウントでストライクだけをバントさせます。2ストライクの場合は、ラインの少し内側をねらうように指導してください。ランナーは地面にボールが落ちてから、スタートを切ります。

01 送球・捕球
02 打撃
03 走塁
04 投手
05 捕手
06 守備
07 フォーメーション
08 ウォーミングアップ

45

menu 029 BASEBALL Lesson Menu 210

ランナーを二塁に進めるための送りバント

バント
回数 5回×3セット
時間 10分程度

ねらい
一塁ランナーを二塁へ送るバントの練習をします。守備の動きを見ながら一塁方向へ転がし、「確実に送れる選手」になりましょう。

練習方法
① 内野は守備につき、一塁にランナーをおく
② ピッチャーが投球をしたら、バッターは送りバントをする
③ ランナーを確実に送れるように、コースをねらう
④ バッターを交代して練習する

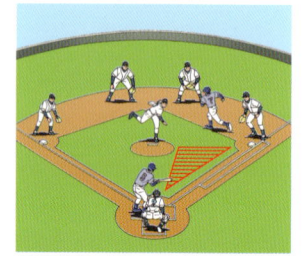

ボールをよく見て、一塁方向へ転がす

一塁ランナーを二塁へ送るためにねらうバントに適したエリアです。ファーストの動きをよく見て、ねらったところへバントします。

指導のポイント

一塁側をねらう

これまで指導してきたバントを確実に行えるよう、実戦に基づいて練習させます。守備側のファーストは一塁にランナーがいるため、守備のスタートが遅れます。サードは前進守備がとれるのでねらいません。

ステップアップ

ヒットエンドランも効果的

2ストライクまで追い込まれたら、ヒットエンドランのサインを出すのもひとつの作戦です。バントの構えで相手が前進守備の場合、成功しやすくなるからです。事前に練習をして、動きを確認させておきましょう。

menu 030

BASEBALL Lesson Menu 210

ランナーを三塁に進めるための送りバント

バント
回数　5回×3セット
時間　10分程度

ねらい
二塁ランナーを三塁へ送るバントの練習をします。エリアに転がす意味を理解し、大事なランナーを進塁させるバントをマスターします。

練習方法
1. 内野は守備につき、二塁にランナーをおく
2. ピッチャーが投球をしたら、バッターは送りバントをする
3. ランナーを確実に送れるように、三塁線をねらう
4. バッターを交代して練習する

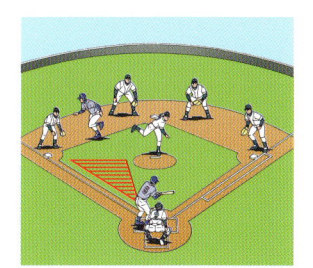

二塁ランナーを三塁へ送るためにねらうバントに適したエリアです。サードの動きをよく見て、ねらったところへバントします。

三塁線をねらってバントをする

指導のポイント

三塁側をねらう

ランナーは二塁にいるために、ファーストは前進守備が可能になります。一方、サードは二塁ランナーのベースカバーに入るため、大きく前進できません。よって、三塁側をねらってバントさせます。

---

01 送球・捕球　02 打撃　03 走塁　04 投手　05 捕手　06 守備　07 フォーメーション　08 ウォーミングアップ

47

menu 031　スクイズバントを決める

BASEBALL Lesson Menu 210

バント
時間　5分程度

ねらい
三塁ランナーを本塁に還す重要なバントです。投球がストライクでない場合も多いので、練習をして、どんなボールに対しても成功率を高めます。

練習方法
① 三塁にランナーを置き、バッターボックスではヒッティングの構えをする
② ランナーはピッチャーが足を上げたらスタート、バッターは投球したと同時にバントの構え
③ ピッチャーはウエストボールを投げる
④ バッターはバットを立ててバント
⑤ 5～10本で他の選手と交代する

1 ヒッティングの構えをする

2 バットを立てて、当てにいく

3 フェアグラウンドに確実に転がす

片足がバッターボックス内に残っている限り、アウトにならない

指導のポイント

最悪でもファウル

高めのウエストボールは後ろ側の手を伸ばし、バットを立てた状態で当てにいきます。どんな球でも必ず当てるように教えてください。最悪でもファウルになります。当てるのが難しい場合はバットを投げてもかまいません。ただし片足はバッターボックスに残しましょう。

ステップアップ！

バウンドさせる場所

三塁ランナーの走力との兼ね合いもありますが、ホームベースから6mと7mの間くらいにバントをバウンドさせると成功の確率が上がります。

menu 032 スクイズバントのエリア

BASEBALL Lesson Menu 210

バント
回数 5回×3セット
時間 10分程度

ねらい
スクイズバントを成功させるエリアを学びます。まずはバットにボールを当てることが鉄則ですが、転がす目標を持つと成功率が上がります。

練習方法
1. 内野は守備につき、三塁にランナーをおく
2. ランナーはピッチャーのステップした足が着地したらスタート、バッターは投球したと同時にバントの構え
3. ピッチャーはウエストボールを投げる
4. バッターはバットを立ててバントする

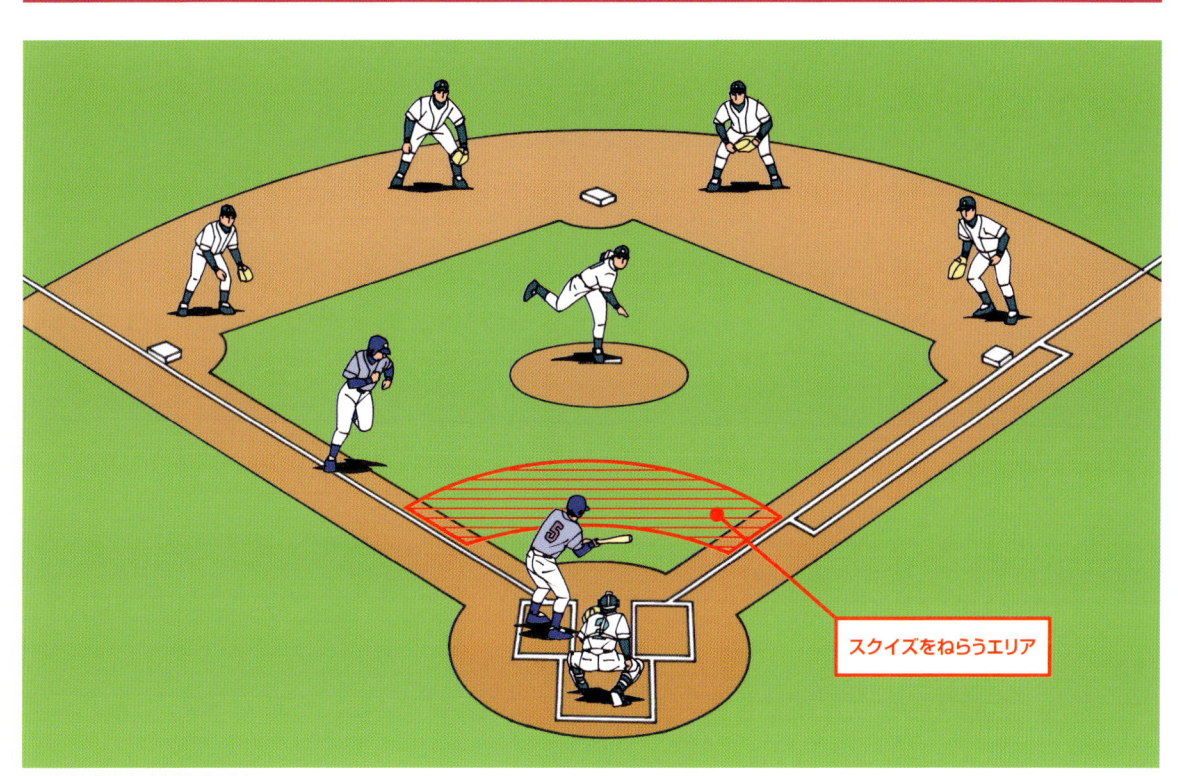

スクイズをねらうエリア

コースは考えず、確実に転がす

指導のポイント

本塁から6mと7mのエリア

コースはねらわずに、ホームベースから6mと7mのエリアにバウンドさせるようにしましょう。また、スクイズはサインを出す指導者の度胸も問われます。練習を重ねて、自信を持ってサインを出せるようにします。

01 送球・捕球
02 打撃
03 走塁
04 投手
05 捕手
06 守備
07 フォーメーション
08 ウォーミングアップ

menu 033 セーフティーバントを決める

バント
時間 5分程度

ねらい
自らアウトにならずに一塁へ進み、ランナーも進塁させるためのバントです。相手の守備位置をよく見て、意表をつくようにします。

練習方法
1. バッターボックスではヒッティングの構えをする
2. ピッチャーが投球したと同時にバントの構えをする
3. 投球がストライクと判断したら、バットに当てると同時にスタートする
4. 5〜10本で他の選手と交代する

1 ピッチャーの投球と同時に構える

2 ストライクだけをバントする

3 バットに当てると同時にスタート

指導のポイント

送りバントとの違いを理解させる

送りバントとの違いは相手の意表をつくことと、走り出しながらバントすることです。選手には目的、動きの違いを理解させ、同じ動きにならないように気をつけます。ボール球に手を出さないのは共通で守ることです。

ここをチェック

ねらうコース、転がすコース

セーフティーバントは外角球がねらい目です。外角低めは三塁側、外角高めは一塁側のライン際をねらうと成功の確率が上がります。

menu BASEBALL Lesson Menu 210

034 プッシュバントを決める

バント
時間 5分程度

ねらい
速い打球を転がして、セカンドに捕らせるようにします。攻撃的な場面で使うバントなので、練習してチームの武器のひとつにしましょう。

練習方法
1. ランナーをおき、バッターはバッターボックスで構える
2. ピッチャーが投球したと同時にバントの構えに
3. 一、二塁間をねらい、バットを押し出しながら速い打球を転がす
4. 転がったことを確認して、バッター、ランナーともにスタート
5. 5〜10本で他の選手と交代する

1 ピッチャーの投球と同時に構える

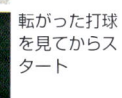

2 転がった打球を見てからスタート

指導のポイント
攻撃的な場面で使う

プッシュバントを使う場面は、例えば一死一、三塁で相手守備陣がダブルプレイ体勢になったときです。速い打球をセカンドの野手方向に転がすと、バッターランナーは一塁でアウトになりますが、得点が入り続いて二死二塁の場面を作ることができます。

ここをチェック
ランナーのスタート

ランナーはプッシュバントが確実に転がったのを確認してからスタートします。バント失敗でダブルプレイになることを防ぎます。

01 送球・捕球
02 打撃
03 走塁
04 投手
05 捕手
06 守備
07 フォーメーション
08 ウォーミングアップ

menu 035

BASEBALL Lesson Menu 210

ランナーをつけたケース別のバント練習

バント
時間 10分程度

ねらい
バントのサインが出る場面を想定した練習です。バッターだけでなく、ランナーや守備陣の練習にもなります。各自が状況を理解し、自分たちのやるべきことに集中します。

練習方法
1. 2チームに分かれる
2. イニング、アウトカウント、点数など細かい設定をし、バントのサインを出す
3. バッターは指示されたバントをする
4. 両チームが打球に対して的確に動く

1 選手それぞれが集中して行う

2 状況を判断して、素早く行動に移る

指導のポイント

サインや動きを確認

バントを使うあらゆる場面を想定する、実戦的な練習です。攻撃陣、守備陣、それぞれのサインや動きを確認し、両チームが集中して行うようにします。

ステップアップ！

選手にサインを出させる

「毎回、必ず1回はバントを入れる」といった特別ルールを作り、紅白戦を行ってみてください。このとき、選手にサインを出させることがポイントです。選手自身がバントが有効な場面を考える練習になります。

menu 036

BASEBALL Lesson Menu 210

バント攻撃だけの紅白戦

バント
時間 60分程度

ねらい
ヒッティングをせずに、バント攻撃だけの練習試合です。バントを使った攻め方、バントに対する守り方を実戦さながらの練習で身につけます。

練習方法
1. 紅白のチームに分かれ、バントだけで試合をする
2. 無死一塁、無死二塁など、様々なケースを想定してゲームを進める
3. チェンジになるアウトカウントはチーム間で自由に設定する

1 サインに従って、バントを使い分ける

2 集中して、確実に決める

指導のポイント

バントは心理戦

ランナー、アウトカウントを考慮して、攻撃陣はどのバント攻撃を使うか、守備陣はどのバントシフトを敷くか、を考えます。バントは心理戦ともいえますので、1球目から集中して行わせてください。

ここをチェック

実戦的練習で確認する

攻撃陣はサインによって各種ケースのバント攻撃をスムーズに行えるようにします。守備陣はサインやタイミングなど守る時の決め事を確認します。

01 送球・捕球
02 打撃
03 走塁
04 投手
05 捕手
06 守備
07 フォーメーション
08 ウォーミングアップ

menu 037　バットと手首で直角を作る

BASEBALL Lesson Menu 210

スイング
時間　5分程度

ねらい
トップの時の手元の構え方を身体で覚えるようにします。足を踏み出した時に、手首とバットの角度が直角になるようにします。

練習方法
1. 力まずにバットを構える
2. 前足を踏み出し、バットを握る手に力を入れる
3. 手首に力を加え、手首とバットを直角にする
4. バットを振る

前足を踏み出したときに手首が直角になる

ZOOM UP!

バットと手首が直角になります。構え方は様々ありますが、トップの形は同じです。意識し過ぎると身体全体の動きが固くなるので、スイングし始めてから力を入れましょう。選手同士で確認します。

指導のポイント　手首の角度を常に意識

選手には試合でも練習でも常に手首の角度を意識させてください。鏡の前でバットを振らせて、選手自身に気づかせるのもいいでしょう。この時、構えに力が入り過ぎていないか注意してください。

ここをチェック　ヘッドの位置を確認

トップで手首を直角にすると、バットのヘッドが後ろ側の肩に近づきます。離れてしまっていたら、手首が伸びている状態で、うまくスイングできません。

menu 038 グリップから始動する

BASEBALL Lesson Menu 210

スイング
時間 5分程度

ねらい
身体の近くをバットが通るようなコンパクトなスイングが身につきます。グリップから動かすことを意識すると、前ページでも紹介した腕とバットが直角になります。

練習方法
1. 力まずにバットを構える
2. 右ワキが締まるのを意識しながらグリップを前へ出す
3. コンパクトにスイングをする

右ワキを締めながら、グリップを前へ出す

指導のポイント ― 右ワキを締める
グリップがボールに向かうようにするためには、右ワキを締めること。そうすると、バットのヘッドが遠回りしません。ワキにタオルを挟んだ練習も効果的です。

ここをチェック ― 右ヒジをヘソの前に
腰の回転を利用して、グリップをボールに近づけていきます。右ヒジがヘソの前にくるようにスイングすると、ミートしやすくなります。

menu 039 手首を支点にして振り出す

BASEBALL Lesson Menu 210

スイング
時間 5分程度

ねらい
手首を支点にして、バットを振り出す練習です。ねらったポイントにスイングできるようになります。

練習方法
1. 力まずにバットを構える
2. 上半身を回転させ、グリップを振り出す
3. 手首を支点にバットを振る

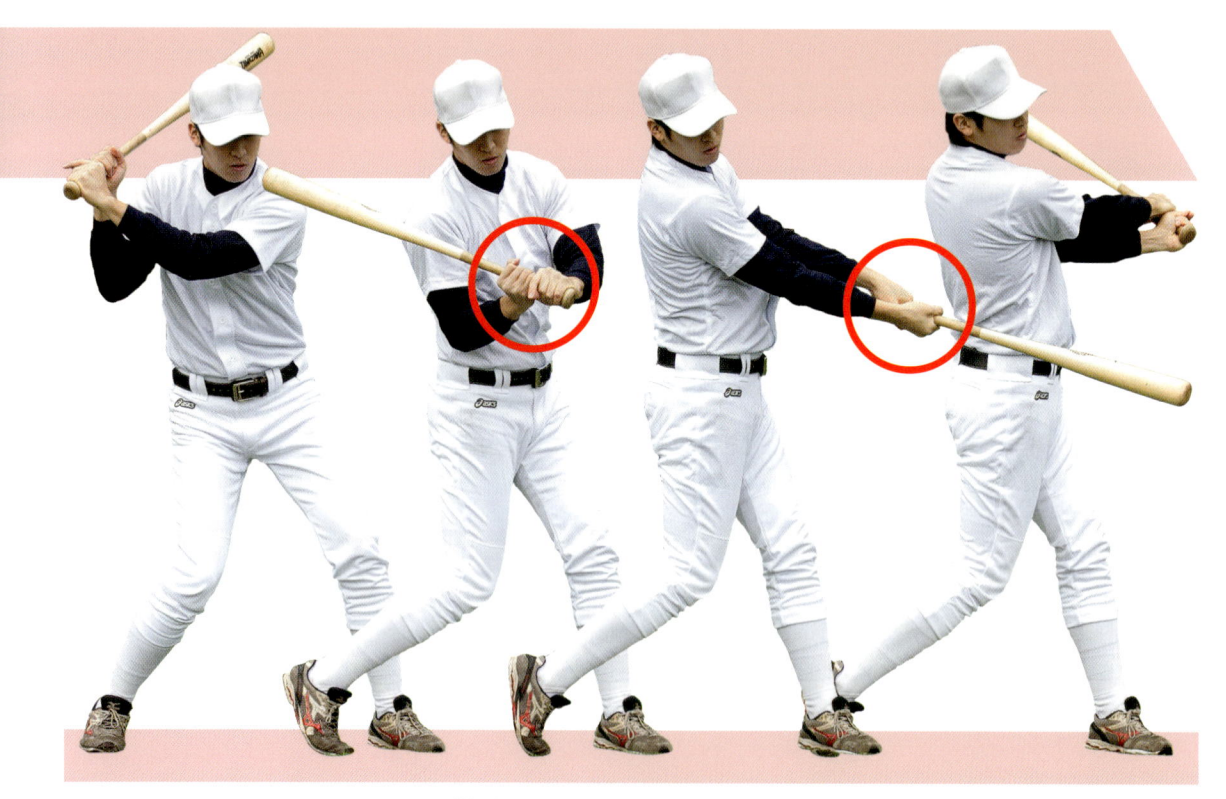

手首が支点となり、バットが回転する

指導のポイント ― 手首の返しで打つ

バックスイングが大きいと、手首を支点にした動きが意識できなくなります。コンパクトに構えさせ、最初は緩くトスしたボールを手首の返しで打つ練習をさせてください。

ここをチェック ― テコの原理

バットが回転する支点は肩やヒジではなく、バットを握る手元にあります。グリップをボールの方向に動かし、支点を作ります。ここからテコの原理でバットのトップを動かします。スイングに入ったら、身体全体の回転を意識してください。

menu 040 042

BASEBALL Lesson Menu 210

内、中、外を打つポイントを知る

スイング
時間 5分程度

ねらい
内や外といった投球のコースによって、ミートポイントも変わります。自分が最もスイングしやすく、打球も飛ぶポイントを覚えましょう。

練習方法
1. 力まずにバットを構える
2. 内、中、外と3つのコースに分けて、投球してもらう
3. 右バッターの場合、内角なら三塁側、外角なら一塁側、真ん中はセンターへハーフバッティングで打ち分ける

menu 040 内角

ポイントは前。身体の前で打ち返す

menu 041 真ん中

ポイントはベース前方。センター返しのイメージで

menu 042 外角

ポイントはベース側面の下。逆方向でも強い打球を

ZOOM UP！

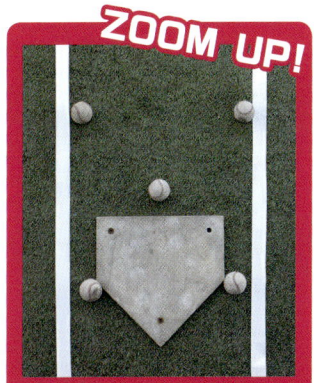

ミートポイントは内角なら前、真ん中はベース前方、外角はベース側面の下辺り。それぞれのミートポイント、グリップを持っていく場所やバットの角度を図などにして、説明すれば分かりやすい。

指導のポイント：ハーフバッティングで確認

ミートポイントを確認するには、ハーフバッティングがお勧めです。バットの動きや位置、角度がわかりやすくなります。投手は少し前から投げ、半分の力で打ち返します。

menu	BASEBALL Lesson Menu 210

043 素振り練習

スイング
時間 10分程度
回数 20回×3セット

1 構えているときは、力を抜く

2 前足を上げ、重心は後ろ足に移動

3 トップの手首はバットと直角にする

指導のポイント

自分なりの目的を持つ

ただ漠然と振っていても効果は上がりません。ステップ、腰の回転、ワキの締まり、手首の角度、これらを選手自ら意識をさせて振らせてください。その上で数を重ねると、スイングスピードが上がり、パワーもつきます。

| ✓ ねらい | スイングスピードを上げる基本的な練習です。チェックポイントをいくつか用意し、それらができているか目的を持ちながら、繰り返し練習します。 | ✓ 練習方法 | ① 周りに人や障害物がないか、注意する
② 力まずにバットを構える
③ 目的を意識しながらスイングする |

4 右ワキを締め、グリップを出す

5 手首を支点にバットを回転させる

6 フォロースルーまでしっかり振る

ステップアップ 投手の投球をイメージする

1球ずつ、コースや球種のイメージを変えて振ります。打席のタイミングと同じにすると、試合の雰囲気になり集中力も高まります。大学の監督時代に、1日に1000本、1500本素振りを繰り返しやらせました。それほど大事な練習です。

01 送球・捕球
02 打撃
03 走塁
04 投手
05 捕手
06 守備
07 フォーメーション
08 ウォーミングアップ

59

menu 044 スタンドティーで打つポイントを知る

BASEBALL Lesson Menu 210

スイング
- 時間：5分程度
- 道具：スタンドティー、ネット

ねらい
スタンドティーを使ってミートポイントを確認します。立つ位置や高さを変えることによって、あらゆるコースのミートポイントを知ることができます。

練習方法
1. ネットの前にスタンドティーを置き、ボールを乗せる
2. バットを構え、ボールの位置を確認してスイング
3. コース、高さを変えるなどしながら、繰り返し打つ

1 練習したいポイントにボールをセットする

2 ボールをよく見てスイングする

3 打球が真っすぐ飛んでいるか確認する

指導のポイント
バットの出方を見る

選手が自分のフォームを固める練習にもなります。指導者はバットの出方をチェックしてください。極端なアッパースイングやダウンスイングでは、打球が真っ直ぐネットに向かいません。

menu 045 ロングティーで飛距離を出す

BASEBALL Lesson Menu 210

スイング
回数 5回×3セット
時間 10分程度

ねらい
ロングティーを行って、飛距離を伸ばす力を身につけましょう。スイングの軌道をフォロースルーまで大きくとり、遠くへ飛ばすコツをつかみます。

練習方法
1. 2人1組で3mほど離れたところから一方はトスをする
2. もう一方はバットを持って構える
3. バックスイングを大きくとり、トスされたボールを打つ
4. フォロースルーも大きくとる

1 ボールをよく見て、大きなスイングを心がける

2 飛距離が出るスイングのコツをつかむ

指導のポイント
遠くに飛ばす

飛距離の出ない選手が、遠くに飛ばすコツをつかむ練習になります。またスイング自体が小さくなっている選手には視界が開けることで、気分転換にもなります。大きく振ろうとし過ぎて、フォームを乱していないか注意しましょう。

01 送球・捕球
02 打撃
03 走塁
04 投手
05 捕手
06 守備
07 フォーメーション
08 ウォーミングアップ

menu 046 サンドバック相手のスイング

BASEBALL Lesson Menu 210

- スイング
- 時間　5分程度
- 道具　サンドバック

ねらい
サンドバックを打つことで、ミートポイントでの手首の角度が分かります。また数を打ち込むことでパワーもつきます。

練習方法
1. サンドバックの中央がストライクゾーンにくるように吊るす
2. サンドバックの前でバットを構える
3. ポイントを決めてスイングをする

1 ミートポイントをあらかじめ決める

2 バットが止まった時点の手首の角度を覚える

指導のポイント

手首の角度を覚える

ミートポイントで力が入る手首の角度を覚えます。またミートポイントでバットが止まることにより、それまでのアプローチをチェックできます。下半身の力がバットに伝わっているか、選手に確認させてください。

menu 047 フェンス際でバットの出し方を覚える

BASEBALL Lesson Menu 210

- スイング
- 時間　5分程度
- 道具　壁、もしくはネット

ねらい
フェンス際、ネット際などでスイングし、バットのヘッドが最短距離で走るように練習します。この練習で内角球をマスターできます。

練習方法
1. フェンス際かネット際で80cmくらい空けて立つ
2. 力まずにバットを構える
3. 障害物に当たらないようにスイングする

1 フェンスから80cmくらい離れたところに立つ

2 右ワキを締めながら振り出す

3 フェンスに当たらないようにスイングする

指導のポイント　ワキを締める
80cmくらいの距離を空けてスイングさせてください。振り出しは後ろ側のワキが、ミートポイントでは両ワキが締まっているかチェックします。

ここをチェック　ドアスイングの矯正
フェンスやネットをこすってしまう場合はドアスイングになっていると思われます。バットのヘッドが身体の近くを通るのを意識してスイングしてください。

01 送球・捕球
02 打撃
03 走塁
04 投手
05 捕手
06 守備
07 フォーメーション
08 ウォーミングアップ

63

menu 048 足を大きく広げたまま ティーバッティング

BASEBALL Lesson Menu 210

スイング
時間　5分程度
道具　ネット

1 足をめいっぱい開いて構える

2 下半身の体重移動を意識しながらトップを作る

5 腰から頭までが一直線の軸になる

6 フォロースルーまでしっかり振る

指導のポイント

足の位置に白線を

漠然と足を開くのではなく、めいっぱい開かせます。足の位置に白線などを引いて目標を作ったり、他の選手と競わせたりすると練習に活気が出ます。

ねらい
体重移動を意識しながら、下半身を強化する練習です。スイングしても、上体の軸を真っすぐに保つ効果もあります。

練習方法
1. 2人一組で、一方はボールをトスする
2. もう一方はネットの前で、両足を思い切り開いてバットを構える
3. トスされたボールを続けて10回スイングする
4. インターバルをおく

3 ボールをよく見て、振り出す

4 両ワキを締めてスイングする

練習風景

1 トスされたボールをしっかり見て振り出す

2 ネットに真っすぐ打ち返し、次のボールに備える

ここをチェック 軸を真っすぐに
上体が前に突っ込んだり、くの字になったりしないように気をつけます。腰から頭までの軸が一直線になるように意識してスイングさせましょう。

01 送球・捕球
02 打撃
03 走塁
04 投手
05 捕手
06 守備
07 フォーメーション
08 ウォーミングアップ

menu 049 長いバットでスイング

BASEBALL Lesson Menu 210

スイング
時間　5分程度
道具　長いバット

ねらい　長いバットを使うことで、腰の回転を利用した正しいスイングを体感できます。上半身と下半身のバランスを保ちます。

練習方法
1. 長いバットで構える
2. 周りに人や障害物がないか確認する
3. スイングする

1 長いバットを持って構える

2 下半身から始動してバットを振り出す

3 右ワキの締まりを意識しながらスイングする

4 腰の中心とした回転ができていたかチェックする

指導のポイント

下半身から始動

1m近くある長いバットにあおられて、上半身のバランスが崩れないように注意します。下半身から始動し、腰を中心とした回転を意識させてください。

長いバット

普段使用するものより15cmくらい長いバットは上半身の力だけでは力強いスイングができません。用具を効果的に使うことで、選手個々の強化ポイントが分かります。様々なアイデアを練習に役立ててみてください。

menu 050 連続ティーバッティング

BASEBALL Lesson Menu 210

スイング
時間　5分程度
道具　ネット

ねらい
バットのヘッドスピードを上げるための練習です。バットが少しでも速く振れるように意識して、スイングを身体で覚えます。

練習方法
1. 2人1組で、一方はトスをする
2. もう一方はネットの前でバットを持って構える
3. 5回連続してティーバッティング
4. 少しインターバルをおく

1 トスされたボールをよく見て振り出す

2 しっかりミートし、ネット中央へ打ち返す

3 すぐに構えなおし、次のボールに備える

4 集中して、バットを真横から振り抜く

指導のポイント：回数よりも正しいスイング
続けて練習をしていると、スイングよりも回数の方に意識が向きがちになります。正しいスイングができなければ効果は半減します。指導者や選手同士で、正しいスイングができているか、チェックが必要です。

ここをチェック：真横から振り抜く
腕の力だけでスイングしても速く振れません。下半身を安定させて、軸足のヒザ、腰、肩を回転させること。スイングが波を打たないように、真横から振り抜くイメージを持ってください。

01 送球・捕球
02 打撃
03 走塁
04 投手
05 捕手
06 守備
07 フォーメーション
08 ウォーミングアップ

67

menu 051 | BASEBALL Lesson Menu 210
2歩前にステップして打つ

スイング
時間　5分程度
道具　ネット

ねらい　バッティング時に身体の軸がブレている時や、タメができていない時に効果的な矯正法です。体重移動を意識したバッティングができます。

練習方法
① 2人1組で一方はトスをする
② もう一方はティーバッティングより、2～3歩分ネットから離れて構える
③ 前足、軸足、前足の順に「イチ、ニ、サン」と声に出しながら歩く
④ トスする人は「サン」に合わせてトスする
⑤ バッターはボールをよく見てスイング

1 普段のティーバッティングより、2、3歩離れて構える

2 前足、軸足、前足の順に出して、前へ進む

3 軸足に体重を乗せてトップを作る

4 スイング後、体重移動ができたかチェックする

指導のポイント　体重の乗せ方

前足・軸足・前足の順にステップを踏みます。2歩目の時に全体重が軸足にかかります。3歩目で前足の拇指球に体重を乗せ、ヒザが外側に開かないように気をつけます。

menu 052 後ろから来たボールを打つ

BASEBALL Lesson Menu 210

スイング
時間　5分程度
道具　ネット

ねらい
バットがボールに当たるまで、上体が前へ行かないようにするための練習です。

練習方法
1. 2人1組になり、一方はネットの前に立ってバットを構える
2. もう一方はバッターの後ろからボールを投げる
3. バッターはボールをよく見て打つ

1 後ろからトスされるボールに備える

2 ボール動きをよく見て、トップを作る

3 身体の軸を真っすぐに保つ

4 コンパクトなスイングを心がける

指導のポイント：ボールをしっかり見る
実際の試合中に、後ろから来るボールを打つことはありません。しかし、上体が前のめりにならないようにするには有効な方法です。身体の軸を真っすぐに保ちながら、コンパクトに振れるよう練習させましょう。

01 送球・捕球
02 打撃
03 走塁
04 投手
05 捕手
06 守備
07 フォーメーション
08 ウォーミングアップ

menu 053 短いバットでティーバッティング

BASEBALL Lesson Menu 210

スイング
時間　5分程度
道具　短いバット、ネット

ねらい
バットのヘッドの使い方が分かるようになります。軸になる方の手だけで短いバットを持ち、手首を支点にして振ります。

練習方法
1. 2人1組で一方はトスをする
2. もう一方は軸になる方の手だけでバットを構える
3. ボールを投げてもらう
4. 片手でスイングして、ボールを打つ

1 軸になる方の手だけで短いバットを持って構える

2 ボールをよく見て、トップを作る

3 手首を支点にバットを振る

4 手首の動きを意識して、最後までスイングする

指導のポイント

はじめはゆるいボールから

ゆるいボールから始めて、楽に打ち返せるようにしていきます。軸になる手の動きに集中してバットを振らせてください。短いバットがない場合は軽いバットや、グリップを短く持ったりするとタイミングが取りやすくなります。しっかり振れるようになったら、徐々に重さや速さを上げていきましょう。

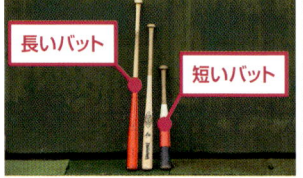

長いバット　短いバット

短いバットは60cmくらいですから、長いバットと比べると40cmほどの差があります。見た目以上に扱う選手は大きな変化を体感できるでしょう。様々なバットを使い分けて効果的な練習を行ってください。

menu 054 座りながらティーバッティング

BASEBALL Lesson Menu 210

スイング
時間 5分程度
道具 イス、スタンドティー、ネット

ねらい
バットが無駄な軌道を走らないよう、正しい軌道にするための矯正法です。下半身にケガをしている選手の練習にもなります。

練習方法
1. ネットの前にスタンドティーとイスを置いて、イスに座る
2. スタンドティーを胸くらいの高さにして、ボールを置く
3. 座ったままスイングして、ボールを打つ

1 ネットの前で、イスに座って構える

2 ボールをよく見て、ミートポイントでとらえる

3 左ヒジをたたんだ、コンパクトなスイングを心がける

指導のポイント
コンパクトに振る
バットが遠回り（ドアスイング）する選手や、左ヒジ（左打者の場合は右ヒジ）がうまくたためない選手の矯正に効果があります。上半身の軸を固定し、大振りしないようコンパクトに振らせましょう。

ここをチェック
ヘッドの最短距離
この練習ではミートポイントにバットをストンと落とすイメージで振らせてみましょう。ヘッドが最短距離を走るスイングがマスターできます。

01 送球・捕球
02 打撃
03 走塁
04 投手
05 捕手
06 守備
07 フォーメーション
08 ウォーミングアップ

71

menu	BASEBALL Lesson Menu 210
055	# バスター練習

スイング

時間 5分程度

1
打席でバントの構えをする

2
ピッチャーが前足を踏み出したら、テイクバックをとる

指導のポイント

センター方向以外に打つ

作戦で使う場合はセンター方向以外に打つように指導してください。ランナーが一塁で、ショート、セカンドが二塁ベースに寄っていた場合、ダブルプレイになる恐れがあるからです。

ねらい
バントの構えからヒッティングをする練習です。攻撃的な作戦に使ったり、バットのヘッドが出てこない選手の矯正にもなります。

練習方法
1. バッターボックスでバントの構えをする
2. ピッチャーの踏み出した足が地面に着いたら、バッターはヒッティングのテイクバックを小さくとる
3. ボールをよく見てセンター方向以外に打つ

3
ストライクだけをねらってバットを振る

4
コンパクトなスイングで、センター方向以外に打つ

ここをチェック バスターの利点
バスターはトップを作り、そのままバットを出すので、バットにボールが当たりやすく、①ボールを長く見ることができる②コンパクトなスイングができる③軸がブレない④バットのヘッドが立つなど、の利点があります。上記のことが苦手な選手には効果的な練習になります。

menu 056 逆方向へ打つ

BASEBALL Lesson Menu 210

スイング
時間　5分程度
道具　ネット2つ

ねらい
身体が早く開かないようにして打つ練習です。外角寄りのボールをヘソの前で打ち、逆方向に打ち返します。

練習方法
① 2人1組で、一方は2つ並べたネットの間からボールを出す
② もう一方はネットの前でバットを構える
③ 外角寄りにトスをしてもらう
④ 身体が開かないように、逆方向へ打ち返す

1 外角寄りにトスしてもらう

2 身体が開かないようにバットを振り出す

3 バットをボールにぶつける意識で打ち返す

4 逆方向に強い打球が打てたかチェックする

指導のポイント

遅れ気味にバットを振る

「いいタイミングで打とう」とする意識が強過ぎると、ボールを待つことができません。選手には、バットを少し遅れ気味に振って、ボールにぶつける意識を持たせてください。無理に引っ張らず、落ち着いて、素直に振ることが大切です。

menu 057 内角のボールを打つ

スイング
時間 3分程度

ねらい
内角に来たボールを打つ練習です。ボールが身体の近くを通るので打ちにくく、恐怖感もありますが、繰り返し練習して克服していきます。

練習方法
1. バッターボックスに立ち、バットを構える
2. ピッチャーに内角寄りを投げてもらう
3. ステップやワキに気をつけてスイングする

1 打席に立ち、キャッチャーは内角に構える

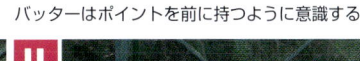

2 バッターはポイントを前に持つように意識する

3 右ヒジをたたんで、バットを出す

4 コンパクトなスイングを心がける

指導のポイント

デッドボールの注意喚起
練習前にデッドボールに注意するように伝えてください。事前に知ることにより、コースを見分け、危険な球の避け方も身につきます。

ここをチェック

打球は左側へ
右打者の場合、打球は左側をねらうことが鉄則です。外側にステップすると、身体の軸が外側に移動します。そうすると、手元にスペースが生まれ、打ちやすくなります。また、グリップを身体の近くで保ち、右ヒジをたたむことでコンパクトに振り抜くことができます。

75

menu 058 カーブを打つ

BASEBALL Lesson Menu 210

スイング
時間 5分程度

ねらい
ストレートよりも一拍分遅いカーブにタイミングを合わせて、バットを振ります。練習ではカーブだけでなく、様々な球種に慣れておきましょう。

練習方法
1. バッターボックスに立ち、バットを構える
2. ピッチャーにカーブを投げてもらう
3. タイミングを合わせてスイングする

1 打席に立ち、構える

2 カーブのタイミングに合わせ、ボールを引きつける

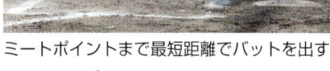

3 ミートポイントまで最短距離でバットを出す

4 コンパクトなスイングを心がける

指導のポイント

ブルペンで軌道を見る

カーブを打つ練習自体があまり行われないので、回数を増やしましょう。ブルペンでのバッテリー練習の時に、バッターボックスに立たせて、カーブの軌道を見る練習もいいやり方です。ストレートは「イチ、ニ〜サン」のタイミングですが、カーブは「イチ、ニ〜のサン」という、ためて打つタイミングです。

menu 059 ゆるいボールを打つ

BASEBALL Lesson Menu 210

スイング
時間 5分程度
道具 ネット

ねらい
ゆるいボールを打って、軸足にしっかりタメを作る練習をします。ボールをギリギリまで、しっかり見る練習にもなります。

練習方法
1. 2人1組になり、一方はトスをする
2. もう一方はネットの前でボールを持って構える
3. ゆるいボールをトスしてもらう
4. 軸足のタメを意識しながらスイングする

1 ゆるいボールをトスしてもらう

2 ボールをよく見て軸足にタメを作る

3 バットを内側から出す

4 バットの芯でとらえた打球かチェックする

指導のポイント ゆるいボールを打つ意味
実際の試合で、相手ピッチャーが投げてこないスピードであっても、練習の効果はあります。ゆるいボールは軸足にしっかりタメを作り、バットの芯で捕らえないとボールが飛びません。フォームが崩れていたり、スイングの軌道がバラバラな選手にお勧めです。

ステップアップ 逆方向に打つ
ボールを長く見ることができ、バットが内側から出るようになります。ボールから目を離してしまう選手の矯正にもなります。

menu 060-062 打つ角度を覚える

BASEBALL Lesson Menu 210

スイング
時間　5分程度
道具　サンドバック

ねらい　サンドバックを目標にして、高低のミートポイントと、手首の位置の確認ができます。

練習方法
1. サンドバックの中央がストライクゾーンにくるように吊るす
2. バットを構える
3. サンドバックを叩く位置を高、中、低に分けて、バットをミートさせる

menu 060　高いボール

ボールを上から叩く、ダウンスイングで打つ

ミートポイントでは手首はやや立った状態になる

menu 061　真ん中のボール

水平な軌道の、レベルスイングで打つ

ミートポイントでは手首は地面と平行になる

menu 062　低いボール

下からすくい上げる、アッパースイングで打つ

ミートポイントでは軸の手首が上になる

指導のポイント　ミートポイントで確認する

ボールの高低によってバットの出し方が変わります。サンドバックを使うことで、ミートポイントでバットが止まります。その時のバットや手首の角度を、選手自身に確認させましょう。

menu 063 ランナーを確実に進めるヒットエンドラン

スイング
時間 3分程度

ねらい
ランナーを確実に進めるための練習です。センター方向以外にゴロを打つようにします。

練習方法
① バッターと一塁ランナーはそれぞれの位置で構える
② ピッチャーに投げてもらう
③ センター方向以外にゴロを打つ

投球と同時にランナーはスタートを切る

バッターはセンター方向以外にゴロを打ちます。ランナーの設定を変えると、守備位置が変わるので、打つコースを考える練習になります。また、調子を落としている選手がスイングしやすいようにサインを出すこともあります。

指導のポイント｜センター方向以外に転がす
選手には強くなくてよいので、ゴロをセンター方向以外に転がすように徹底させてください。ライナーや二遊間に打つと、ダブルプレイの恐れがあるからです。バントが苦手な選手に向いています。

ステップアップ｜場面を変えて練習
ランナー一塁の場合だけでなく、一、二塁や二塁、満塁などの場面も設定し練習してみます。バッターは打方向を考えるようになり、ピッチャー、内野手の練習になります。

menu 064 ヒットエンドランのエリア

BASEBALL Lesson Menu 210

スイング
回数 5回×3セット
時間 10分程度

ねらい
バント攻撃ではなく、バッターはスイングして打球を転がし、ランナーを進める戦術です。打球が内野を抜ければ、一気にチャンスが広がる攻撃なので、練習を重ね、試合で活かせるようにしましょう。

練習方法
1. 野手、バッター、一塁ランナーはそれぞれの位置で構える
2. ピッチャーに投げてもらう
3. ランナーは投球と同時にスタート
4. バッターはセンター方向以外にゴロを打つ

このエリアはNG
センターラインを外す

ランナーは投球と同時にスタート。バッターはセンター方向以外に転がす

指導のポイント　コンパクトなスイングで
確実にゴロを転がすために、コンパクトなスイングをさせてください。ランナーは投球と同時にスタートを切っているので、バッターはどんなボールでも、バットに当てるように指導しましょう。

ステップアップ　ゴロを転がすコツ
バッターは、投球がベルトよりも高い場合はダウンスイングをして、高いバウンドのゴロをねらいます。また投球が低い場合はコンパクトなスイングを心がけ、打球の速いゴロをねらいます。バットを短く持って打つのも、コツのひとつです。

menu 065 ランエンドヒット

BASEBALL Lesson Menu 210

スイング
時間 3分程度

ねらい
ボールカウントが先行しているケースで有効な打撃の作戦です。バッターはストライクだけにしぼって打ちにいくようにします。

練習方法
1. バッターとランナーはそれぞれの位置で構える
2. ボールカウントが先行している設定で、ピッチャーにはストライクを投げてもらう
3. ピッチャーが投げた瞬間にランナーはスタートを切る
4. バッターはストライクだけをねらって打つ

ランナーは投球と同時にスタートする

指導のポイント　チャンスを逃さないサインプレイ

バッターはストライクだけをねらって、ベストスイングを心がけます。ボールカウントが先行している時は、ストライクでも甘いボールがきやすいので、チャンスといえます。サインプレイを徹底させましょう。

menu 066 カウント毎のバッティング

BASEBALL Lesson Menu 210

スイング
回数 5回×3セット
時間 10分程度

ねらい
カウントによって打率は変わります。打率の高いカウントを理解し、試合で活かしましょう。ケースバッティング、紅白戦などで、カウントを意識して打撃の効果を試してみましょう。

練習方法
1. 野手、バッテリーはそれぞれのポジションにつく
2. カウントを想定して、ピッチャーは投げる
3. バッターはカウントを意識してバッティングする

平均打率で3割打者を目指す

B/S	打率
B○○○ S○○○	5〜6割
B○○○ S○○○	2.8割
B○○○ S○○○	1割

ファーストストライクが最もヒット率が高い！

試合形式の練習で実践してみる

指導のポイント — 戦術に活かす

カウントは全部で12通りあります。平均打率が一番高いのはファーストストライクで、4〜5割といわれています。以降、1ストライク、2ストライクと打率は落ちていきます。ファーストストライクのそうな場面を戦術に活かし、得点力もアップさせましょう。

ステップアップ — 待てのサイン

カウントが3−1や3−2の場合は相手ピッチャーがストライクをとりにくくるので、ランエンドヒットが効果的です。3−0の場合は試合状況や打者によって、待てのサインを出します。

第3章 走塁

機動力を活かしたプレイに欠かせないのが走塁の技術です。
走る技術だけでなく、状況判断やピッチャーのモーションを盗むなど、多角的な視点が求められます。

menu 067-070　BASEBALL Lesson Menu 210

理想の走塁コースを知る

走塁　時間 20分程度

ねらい
打球の行方によって、理想の走塁コースを選択し、走る練習をします。目標とする塁へ向かったとき、最終的なラインが直線になるコースを選びましょう。

練習方法
1. 想定した場面ごとに理想の走塁コースを引く
2. 本塁付近に選手を集める
3. ひとりずつ順にスタートする
4. 上記1～3を繰り返し、各塁も同様に行う

menu 067　一塁打の走塁
単打はスリーフットラインを通り、ベースを踏んでそのまま走り抜ける

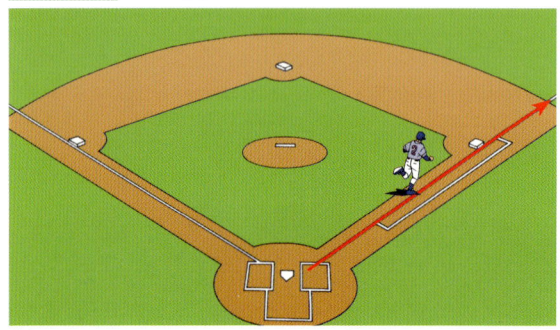

menu 068　二塁打の走塁
二塁打は一塁手前でふくらみ、一、二塁間が直線になるように走る

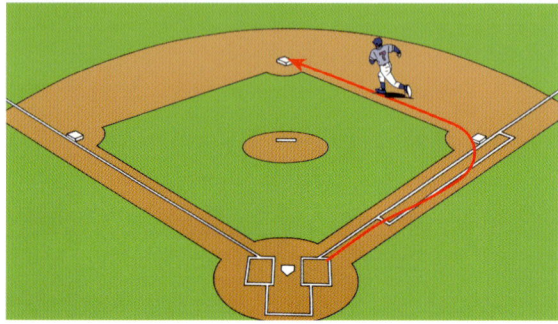

menu 069　三塁打の走塁
三塁打は二、三塁間が直線になるように走る

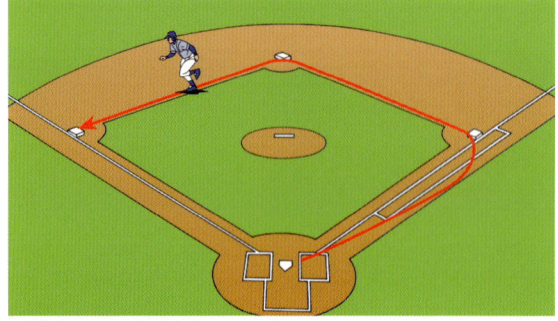

menu 070　本塁までの走塁
本塁まで走る場合は、三塁からホームベースまでが直線になるように走る

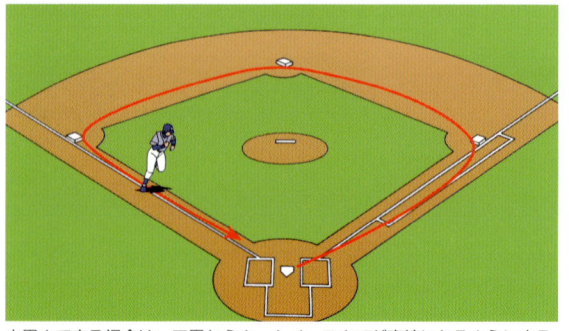

指導のポイント ― 最後に直線を走る
2つ以上の塁を進む場合、曲線のコースを必ず走らなければいけません。曲線と直線を比べると、直線の距離の方が短く、早く塁に到達できます。手前の塁を走るときは余裕があるので曲線を、目標の塁へ向かう最後に直線を走ります。

ステップアップ ― 打球によって直線の距離を変える
例えば、二塁打で一塁から二塁へ向かう場合、一塁へはふくらんで入り、一、二塁間で直線を走ります。しかし毎回同じ走り方をするのではなく、打球によって、どこに直線のラインを作れば速いか考えながら走ることが必要です。打球をイメージして練習で実践してみましょう。

menu 071 リードのとり方

BASEBALL Lesson Menu 210

走塁
時間 2分程度
回数 5回×3セット

ねらい
一塁に出塁したら、ランナーは投手を見ながらリードをとります。帰塁がしやすいように足の運びを覚えます。

練習方法
1. 一塁に出塁した設定で、ランナーになる
2. ピッチャーの動きを見ながら、左足が後方にくるように歩く
3. 自分の決めた位置までリードをとる

1 ベースについてピッチャーの動きを見る

2 左足が後方にくるようにベースから離れる

3 目的に合った距離までリードをとる

指導のポイント
選手に違いを試させる

左足が後ろにくるようにステップしましょう。急にけん制球を投げられても、下半身が一塁ベースに向いているので戻りやすくなります。逆に左足が前方にきてしまうと、下半身が二塁ベースに向いてしまうので、スムーズに帰塁できません。一度、選手にはこの違いを試させましょう。

ここをチェック
投手から目を離さない

投手がランナーの方を向いていなくても、ランナーは投手から目を離さないようにします。ベンチや捕手、内野手からサインが出てけん制がくるかもしれません。また歩幅が大きいと、反応が遅れるので注意しましょう。

01 送球・捕球
02 打撃
03 走塁
04 投手
05 捕手
06 守備
07 フォーメーション
08 ウォーミングアップ

85

menu 072 セーフティリード

BASEBALL Lesson Menu 210

走塁
時間 10分程度
回数 5回×3セット

ねらい
けん制されても帰塁でアウトにならない、セーフティリードの位置を覚えます。自分の脚力や周りの状況を考え、どこまで距離を置くことができるか、練習で把握します。

練習方法
1. ランナーはセーフティリードをとる
2. ピッチャーはけん制を投げる
3. ランナーは素早く塁に戻る

身長プラス1m

ラインを引いて、セーフティリードの距離（身長プラス1m）を覚える

ZOOM UP!

ヘッドスライディングで帰れる距離

指導のポイント
距離を確認させる

ランナーがリードをとりすぎてけん制でアウトになることもあります。せっかくのチャンスがつぶれるもったいないプレイです。選手には、けん制でアウトならず、チャンスに進塁できる距離を確認させてください。

ここをチェック
状況によって距離は変わる

セーフティリードは、ヘッドスライディングで帰塁できる安全な距離をとります。目安は身長プラス1m。また、相手ピッチャーのけん制のうまさや、グラウンドコンディションで距離は変わります。

menu **073** BASEELL Lesson Menu 210

ワンウェイリード

走塁
時間 10分程度
回数 5回×3セット

ねらい
一塁へ戻ることに重点をおいたワンウェイリードの練習です。わざとピッチャーにけん制を投げさせ、投球動作のクセをつかむ目的があります。

練習方法
1. ランナーはワンウェイリードをとる
2. ピッチャーはけん制を投げる
3. ランナーは素早く塁に戻る

プラス1歩　　身長プラス1m

ワンウェイリードの距離（セーフティリードの距離プラス一歩）を覚える

指導のポイント

プラス一歩長く

セーフティリードの距離よりもプラス一歩長くとるリードをワンウェイリードといいます。一塁に帰塁しやすいように、重心は左足にかけるようにします。

menu 074 ツーウェイリード

BASEBALL Lesson Menu 210

走塁
時間：10分程度
回数：5回×3セット

ねらい
盗塁を狙うためのスタートが切れて、一塁にも戻れる距離を取るのがツーウェイリードです。そのための練習を紹介します。

練習方法
1. ランナーはツーウェイリードをとる
2. ピッチャーはけん制球を投げる
3. ランナーは素早く塁に戻る

身長プラス1mのセーフティリードのライン

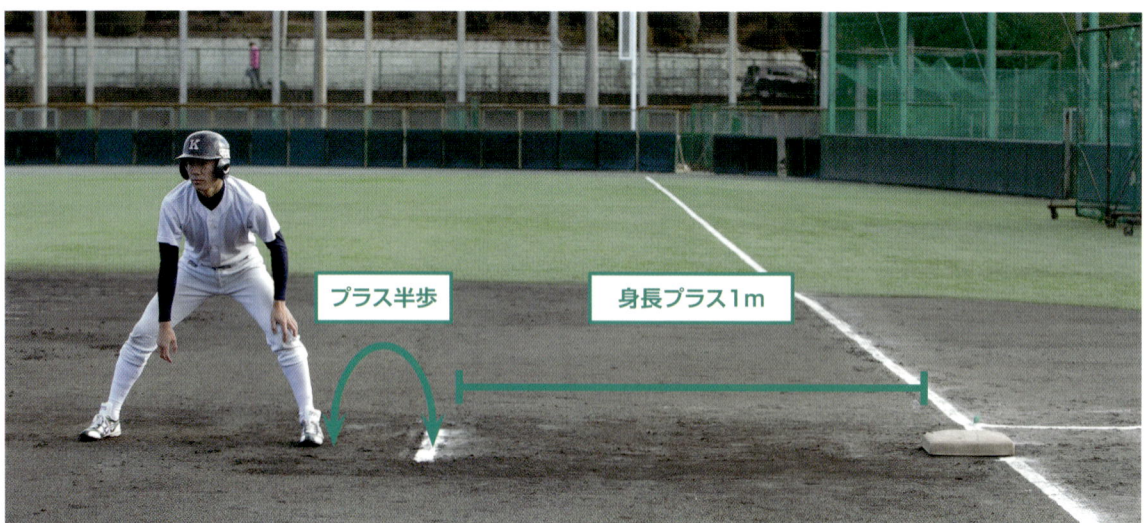

プラス半歩　身長プラス1m

ラインから半歩分離れたツーウェイリード

指導のポイント

さらに半歩長く

セーフティリードの距離よりもプラス半歩長いリードをとります。盗塁を狙うことも、帰塁することも両方できるリードになります。もっともポピュラーなリードです。重心は両足に等しくかけます。

menu 075 リードオフ（第2リード）

BASEBALL Lesson Menu 210

走塁
時間 10分程度
回数 5回×3セット

ねらい
ピッチャーがホームにボールを投げた後、リードをとるランナーが走る距離を調整する動きです。キャッチャーからの送球でアウトにならない距離を覚えます。

練習方法
1. ランナーはセーフティーリードをとる
2. ピッチャーが投球した後、リードオフをとる
3. バッターが打たなければ、帰塁する

1 セーフティーリードをとる

2 投球と同時に軽くスタートを切る

3 ホームでのプレイを確認する

4 バッターが打たなければ帰塁する

指導のポイント

送球に注意

ピッチャーが投げるまでにとっていたリードに加えて、リードオフはホームに投げた後も進みます。バッターが打たなかった場合は、キャッチャーからの送球にも注意します。バッターとキャッチャーの動きも見て、判断するように指導します。

menu 076 二塁ランナーのリード方法

BASEBALL Lesson Menu 210

走塁 / 時間 10分程度

ねらい
二塁ランナーは、打球による判断が最も難しいといえます。スコアリングポジションにいるため、単打で本塁に還る場合もあります。リード方法を理解して、自分で判断して素早く動けるように練習します。

練習方法
1. 二塁ランナーとして準備する
2. スコア、イニング、アウトカウントを設定する
3. 条件に合ったリードをとる
4. ノックの打球を判断して動く
5. 条件を変えて、繰り返す

無死の場合

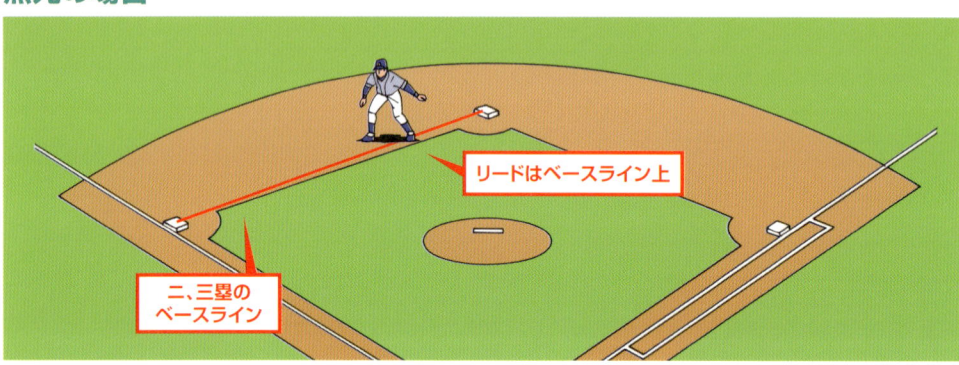

リードはベースライン上

二、三塁のベースライン

無死のときのリードは、バントや進塁打に備え、二、三塁ベースのライン上に立つ。無死で外野へボールが飛んだときは、二塁ベースに戻り、タッチアップ

一・二死の場合

リードはベースラインから2、3歩下がる

二、三塁のベースライン

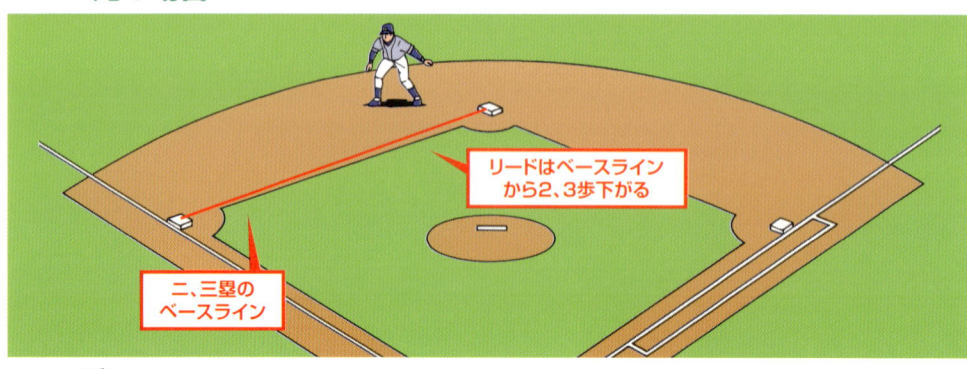

一・二死の場合は、本塁への走塁が行いやすいように、ベースラインから2、3歩下がる。一死で外野へボールが飛んだときは、ハーフウェイリードをとる。深い飛球のときは、二塁ベース近くに戻ってタッチアップ

指導のポイント ― 選手全員が覚える

二塁ランナーのリード方法は全選手に認識させてください。試合で得点できるかどうかの重要なカギになるからです。試合で実践できるように、練習で様々な打球を経験させ、チームのルールとして浸透させましょう。

ここをチェック ― 二塁ランナーのセオリー

無死では、二、三塁のベースを結ぶ線上にリードをとります。一・二死ではヒットに備え、ベースから2、3歩下がってリードをとります。外野への飛球では、無死の場合は必ずタッチアップ。一死ではハーフウェイリードをとります。

menu 077 打球を判断して動く

BASEBALL Lesson Menu 210

走塁
時間 5分程度
回数 5回×3セット

ねらい
ノック練習の時にランナーをつけて、ヒットエンドランやタッチアップなどの判断をさせて動く練習です。ランナーの実戦的な判断力を高めます。

練習方法
1. イニング、アウトカウント、スコアなどを設定する
2. ランナーはリードをとる
3. ノッカーがノックを行い、ランナーの判断で動いてもらう
4. 動きの正誤を説明する

実践練習で打球に対する判断力を磨く

指導のポイント — ランナーに判断を任せる

前のページで紹介した走るコースやリード方法を理解させた上で、ノック練習を行い、ランナーになった選手自身に判断を任せます。ノッカーは様々な場面を作り出し、選手の判断力を鍛えてください。

ここをチェック — 分かりやすい場面から

最初は、外野フライだけのノックというように分かりやすい場面から始めましょう。慣れてきたら、徐々に難しい場面を設定し、一瞬の判断が的確にできるように工夫します。また、打撃練習中にランナーをつけると、より実戦に近い練習になります。

menu **083** ★★★★★★★

BASEBALL Lesson Menu 210

二盗をねらう

走　塁
時　間　6分程度
回　数　5回×3セット

ねらい	二塁への盗塁はアウトカウントを加えず、スコアリングポジションにランナーを進める攻撃的戦術です。技術を習得して、チームの大きな武器にしましょう。
練習方法	① バッテリーが投球練習をする ② 一塁ランナーはリードをとり、ピッチャーの動きをよく見る ③ ピッチャーが投球に入ったら、二塁へ向かってスタートを切る

ピッチャーの動きをよく見て、低い姿勢を保ったままスタートを切ります。一歩目はクロスオーバーステップで踏み出します。タイミングを計り、思い切りよく二塁を目指しましょう。

指導のポイント

機動力をつけ、強いチームを

ランナーとランナーを助ける打撃を総じて、機動力といいます。どんなに打率のいいバッターでも、盗塁の成功率には及びません。打力と機動力を上手にミックスすることが、強いチーム作りには必要です。

ここをチェック

スタートからの動き

ヒザをよく曲げてスタートの準備をします。ピッチャーの動きをよく見てスタートを切ります。1歩目から低い姿勢をキープするように走ります。ベースが近づいたら、スライディングする位置を決め滑り出します。

01 送球・捕球
02 打撃
03 走塁
04 投手
05 捕手
06 守備
07 フォーメーション
08 ウォーミングアップ

menu 084 三盗をねらう

BASEBALL Lesson Menu 210

走塁
時間 6分程度
回数 5回×3セット

ランナーを背中越しに見る左ピッチャーの場合や、バッテリーや内野手がランナーに無警戒の場合に三盗のチャンスがあります。スタート前までは走る素振りを見せず、相手のすきをついて三塁を目指します。

指導のポイント

三盗の重み

三盗は成功の可能性が100％でなければ、行ってはいけないものです。スコアリングポジションにいる大事なランナーだからです。練習では選手に三盗のサインの重みを教え、ランナーはバッテリー、守備陣をしっかり観察するように指導してください。

| ねらい | 三盗は成功の可能性が100%でなければ、スタートを切りません。二塁ランナーは、バッテリーや守備陣の位置、動きをよく観察してチャンスをうかがいます。 |

練習方法
1. バッテリーが投球練習をする
2. 二塁ランナーはリードをとり、ピッチャーの動きをよく見る
3. ピッチャーが投球に入ったら、三塁へ向かってスタートを切る

menu 085 ヘッドスライディングで帰塁する

BASEBALL Lesson Menu 210

走塁
時間　5分程度
回数　5回×3セット

1 ピッチャーを見ながらセーフティリードをとる

2 ベースにはヘッドスライディングで帰る

指導のポイント

一塁への帰塁

特に一塁への帰塁では、ヘッドスライディングが必須です。走塁練習や紅白戦で行うことを義務付け、徹底的に反復させてください。一塁ラインをベースに見立てれば、一度に何人でも練習することができます。

| ねらい | 帰塁は必ずヘッドスライディングで行います。全選手、出塁したら必要な技術ですので、この練習で身につけましょう。 | 練習方法 | ① 一塁ベースにランナーとして構える
② セーフティリードをとる
③ 合図があったら、ヘッドスライディングで帰塁する |

ピッチャーがけん制球を投げてくると判断したら、左足を軸に一塁方向へターンしながら低い姿勢を作ります。上半身から水平に真っすぐ跳び、右手を伸ばして一塁ベース後方のカドをねらいます。

ZOOM UP!

帰塁の時のベースタッチは、リードをとる位置から一番近く、ファーストが捕球してからタッチするまでに一番遠くなる、カドをねらいます。ファーストのタッチで、ベースから手が離れないように気をつけましょう。

ここをチェック　体を地面と平行

ヘッドスライディングは体を地面と平行にして、低い姿勢から真っすぐ水平に跳びます。左右に傾いたり、上に跳んだりすると肩を脱臼したり、腹を強打したりする恐れがあるので注意します。

menu 088 ディレード・スティール

BASEBALL Lesson Menu 210

走塁
時間 5分程度
回数 10回

ねらい
ディレード・スティールとは、けん制球や返球する時のすきを見て盗塁する技術です。自己判断であることが多いので判断力が大切です。

練習方法
① バッテリーが投球練習をする
② 一塁ランナーはリードオフをとる
③ キャッチャーがピッチャーへゆっくり返球しようとする時にスタートを切る

1 ピッチャーを見ながら、リードをとる

2 投球と同時にリードオフをとる（リードオフ／イチ）

3 キャッチャーの返球が滞っていると判断（ニ）

4 二塁へスタートを切る（サン）

指導のポイント：シャッフル3歩目
通常の盗塁との違いは、ランナーはボールのある場所を見ながら、スタートを切ります。リードオフで判断しながら、「イチ、ニ、サン」のリズムでスタートを切ります。こうしてリズムをとるやり方をシャッフル3歩目といいます。

ステップアップ：盗塁が難しい時にねらう
相手ピッチャーのけん制が上手だったり、キャッチャーの肩が強かったりした場合は、盗塁を決めることが難しくなります。そうした場合に、ディレード・スティールをねらいます。1点差を争う緊迫した場面で、大きな武器にもなります。

menu 089 スタートダッシュを鍛える

BASEBALL Lesson Menu 210

走塁
時間 10分程度
回数 10回×3セット

ねらい
盗塁を成功させるために大切なのがスタートです。素早くスタートできるように、低い姿勢と足の運びを身につける練習です。

練習方法
1. 一列に並んだら、低く構えてリードの姿勢をとる
2. 指導者がタイミングをみて合図をする
3. 合図が出たらスタートを切る

1 ピッチャーを見るように、指導者の合図に集中する

2 合図があったら、低い姿勢でスタートを切る

指導のポイント　塁間をより速く走る
塁間27.4mを速く走るために何度も反復練習させます。スタート時のタイムを計り、目標を設定すると各選手の走力の向上に役立ちます。

ここをチェック　スタートの仕方
スタートダッシュはリードの姿勢で腰を低く構えることが基本です。この姿勢から最初の3歩は上体を起こさず走ります。1歩目は蹴り出しやすい足でスタートしますが、左足が右足の前に来ると二塁方向へ身体が向き走りやすくなります。

時代と共に変わる野球 ②

プレイスタイル

Hot Topics about Baseball

プレイスタイルから見た野球の面白み

プレイスタイルは時代、チーム、状況により変わります。
具体例としてスモールベースボールを取り上げます。

最強チームとして君臨したボルチモア・オリオールズが採用

スモールベースボールは、野球の戦略のひとつです。攻撃面において、機動力やバントなどの小技を重視するもので、長打に依存することなく、出塁した走者をヒットエンドランや盗塁などにより確実に進塁させ、本塁へ生還させて点を取るという戦略です。

ロサンゼルス・ドジャースが生み出したといわれるスモールベースボールの歴史は古く、同チームは伝統的に、この戦略を取り続けています。そのため、「ドジャース戦法」ともいわれました。また、1890年代にはボルチモア・オリオールズがスタイルを完成させて、最強チームとして君臨しました。

日本では、巨人の川上哲治監督が導入。王貞治氏と長嶋茂雄氏というスーパースターの存在が目立ちますが、V9時代はスモールベースボールが功を奏したために実現したともいえるでしょう。ボビー・バレンタイン監督率いる千葉ロッテマリーンズもその成功例のひとつです。強打者を配さず、小回りのきいた打線と投手力で2005年リーグ優勝を飾り、日本シリーズでは阪神タイガースを相手に4-0の圧倒的なスコアで完封しました。

スモールベースボールは日本人らしい戦略

WBC（ワールドベースボールクラシック）では2006年、日本代表の王貞治監督が、投手を中心として守備に重点をおいた機動力重視のスモールベースボールを実践。「日本人らしい野球」「みんなでやる野球」を標榜しました。そして原辰徳監督に受け継がれた2009年大会に渡って、侍ジャパンは連覇を成し遂げたのです。

とはいえ、スモールベースボールが必ずしも優れているというわけではありません。投手力や守備力に劣るチームでは逆効果にもなりかねず、長打によるビッグベースボールの方が、チームによっては奏功するケースももちろんあります。

状況によっても、例えば試合後半で同点や接戦の場合に、確実に点を取りにいくには、スモールベースボールは確実性が高まるとも考えられます。

時代により、チームにより、状況により、プレイスタイルはさまざま変わるといえるでしょう。それもまた、野球の大きな面白みのひとつであるといえます。

第4章

投手

下半身の強化やコントロールをつける練習はもちろん、けん制やベースカバー等、投球以外にもやらなければいけないことは多くあります。見落としがないか、振り返ってみましょう。

menu 090 足を大きく広げたまま投げる

BASEBALL Lesson Menu 210

投 手
時 間　5分程度
回 数　20回

踏み出した前足に体重移動

後ろの軸足に体重移動

片手にボールを持ち、前に踏み出した足に体重を乗せて構える

指導のポイント：上体を起こして構える

両足をめいっぱい開かせます。足を開くとバランスが悪くなるので、上体をしっかり起こして構えるように指導してください。この姿勢から体重移動を行います。どうしてもうまくいかない場合は、スタンスを狭めて練習しましょう。

ねらい	ピッチャーの投球時の体重移動を覚え込ませるための練習です。テイクバックの時は軸足に、投球後は踏み出した足に全体重を乗せます。	練習方法	① 両足をめいっぱい広げて立つ ② 前足に体重を乗せたところから投球スタート ③ 軸足に体重を移動してテイクバック ④ 前足に体重を移しながら投球する

前足に体重移動

前足に体重移動しながら投げる。投球後も前足に全体重を乗せる

ここをチェック　8の字で「前」「後ろ」「前」

まずは前に踏み出した足に体重を乗せます。それから軸足に体重を移してテイクバックをし、前の足に体重を移しながら投球します。大きく横向きに8の字を描くように身体を動かすことで、「前」「後ろ」「前」の体重移動がスムーズになります。

menu 091 上り坂を利用して投げる

投手 / 時間 5分程度 / 回数 20回

ねらい
踏み出した足へ体重移動させるための練習です。マウンドの斜面を使います。体重が乗せ切れなかったり、投球後に前のめりになったりするピッチャーにお勧めです。

練習方法
1. マウンドの低い場所で構え、前足を山の部分に乗せる
2. 後ろの軸足にしっかり体重を乗せる
3. 前足に体重を移しながら投球する
4. 投球後も前足に全体重を乗せる

1 一度前足に体重を乗せる
2 テイクバックで軸足に体重移動する 
3 前足へ体重を移しながら、投球する 
4 前足を曲げ、全体重が乗っているかチェックする 

指導のポイント ― 6〜7割の力で
マウンドの傾斜のある場所や、高さ20cm前後の台を使って練習します。低い位置の軸足から高い位置に置いた前足に体重を移すことで、バランスの良い投球フォームが作れます。無理のないように6〜7割の力で投げさせてください。

ここをチェック ― 前足のヒザを曲げる
スムーズに体重移動するには、投球後、前足のヒザを深く曲げるのがコツです。前足への体重移動は下半身の筋力が必要になります。日々のトレーニングで脚を鍛えておきましょう。

menu 092 ガラスに向かってシャドーピッチング

BASEBALL Lesson Menu 210

投手
時間 5分程度
道具 鏡もしくはガラス戸、タオル

ねらい
ガラスや鏡に向かい、フォームを作ったり、リリースポイントを安定させたりする練習です。フォームが固まったと思っても、常に点検し、繰り返してほしい練習です。

練習方法
1. 鏡や自分の姿が映るガラスの前に立つ
2. ゆっくりと、タオルを持った手が身体の遠くを通るように動かす
3. 両肩が左右にブレないようにシャドーピッチングする

1 ゆっくり動き、フォームをチェックする

2 両肩を平行に保ち、身体の前でタオルを振る

指導のポイント ひとりでできる基礎練習
自宅や狭い場所でもできる練習です。雨の日やグラウンドが使えない日、練習後などにもひとりで行えます。野手が素振りをするように、ピッチャーにも地道な基礎練習を勧めてください。

ここをチェック 肩幅の中でピッチング
ガラス（鏡）の前に立ち、両肩を平行にします。映った肩幅の中でピッチングをするようにしてください。一度ゆっくり投げる動きをし、できるだけ手が身体の遠くを通るイメージを作ってから反復します。一塁側や三塁側に身体がブレないように気をつけましょう。

01 送球・捕球
02 打撃
03 走塁
04 投手
05 捕手
06 守備
07 フォーメーション
08 ウォーミングアップ

menu 093 打者を立たせて投球練習

投手
時間 5分程度
回数 5回

ねらい
コントロール重視の、より実戦に近い練習です。バッターが打席に入っている状態で、ストライクゾーンに投げ分けます。

練習方法
1. バッテリーはそれぞれのポジションにつく
2. バッターをバッターボックスに立たせる
3. 投球練習に入る

試合で投げるように集中して行う

指導のポイント

要求のレベルを上げていく

はじめはストライクゾーンの四隅と、真ん中に向かって投げさせます。慣れてきたら、ボール1、2個分ずらすような、難しい要求をします。バッターが打席に入るだけで、ピッチャーの緊張感は高まります。特に本番に弱いピッチャーにはお勧めの練習です。

menu 094 ストレート

投手
時間 10分程度
回数 10回×3セット

ねらい
投球の基本である、ストレートを投げる練習です。様々な球種がある中、まずはピッチングの柱となるストレートを磨きます。

練習方法
1. バッテリーは各ポジションについて構える
2. 回数を決めて、ストレートを投げ込む
3. ボールを握ることだけに力を使わず、リリースの一瞬に力を集中してストレートを投げる

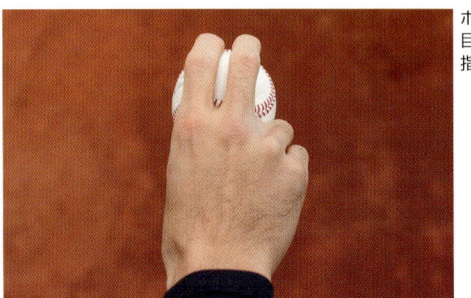

ボールの縫い目にしっかり指をかける

人差し指、中指、親指で握り、薬指で支えている

menu 095 カーブ

BASEBALL Lesson Menu 210

投 手
時 間　10分程度
回 数　10回×3セット

ねらい
カーブは変化球の基本です。比較的、分かりやすく覚えやすいので、最初に覚える変化球ともいえます。

練習方法
① バッテリーは各ポジションについて構える
② 回数を決めて、カーブを投げ込む
③ 手首をひねって、中指でボールを切るように、強い右スピンをかける

バッターに一番近いところでボールを離す

人差し指、親指をボールの縫い目にかける

menu 096 シュート

BASEBALL Lesson Menu 210

投 手
時 間　10分程度
回 数　10回×3セット

ねらい
右バッターの内角をつくシュートは、ピッチャーにとって有効な武器。変化球の中でもっとも負担が大きくなります。

練習方法
① バッテリーは各ポジションについて構える
② 回数を決めて、シュートを投げ込む
③ 腕の振りはストレートと同じにし、リリースの最後に人差し指と親指に力を入れる

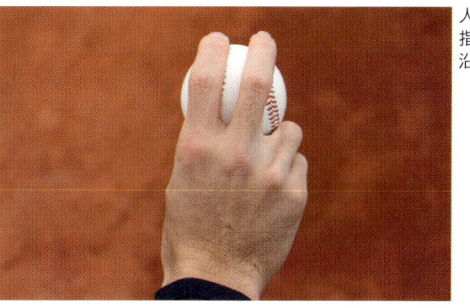

人差し指と中指を縫い目に沿わせる

バッターの内角にひねりながら投げる

01 送球・捕球
02 打撃
03 走塁
04 投手
05 捕手
06 守備
07 フォーメーション
08 ウォーミングアップ

menu 097 スライダー

投手
時間 10分程度
回数 10回×3セット

ねらい
横に曲がるスライダー。様々な握り方があり、フォームによっては変化の仕方も違います。ヒジに負担がかかるので、投げ過ぎには注意。

練習方法
1. バッテリーは各ポジションについて構える
2. 回数を決めて、スライダーを投げ込む
3. リリース時に手の甲がある程度三塁側に向くように、右スピンをかける

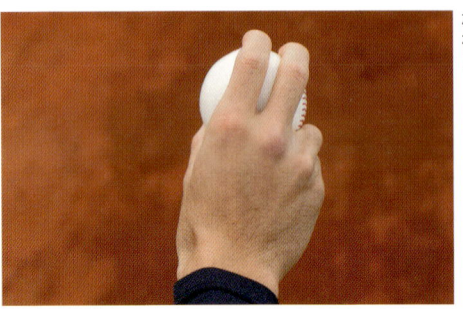

ボールの外側を切るようにして投げる

人差し指と中指を2本の縫い目に沿わせる

menu 098/099 フォーク(スプリット)

投手
時間 10分程度
回数 10回×3セット

ねらい
打者の直前で急激に落ちるフォークボール。手が小さい、指が短いピッチャーは浅く挟むスプリットをお勧めします。

練習方法
1. バッテリーは各ポジションについて構える
2. 回数を決めて、フォーク(またはスプリット)を投げ込む
3. ストレートを投げる時より、少し前で離すイメージで投げる

menu 098 フォーク

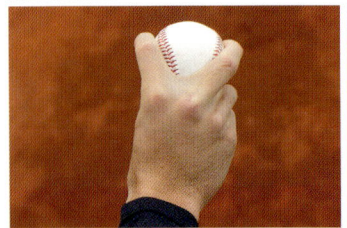

人差し指と中指を縫い目にかけ、ボールを挟み込む

menu 099 スプリット

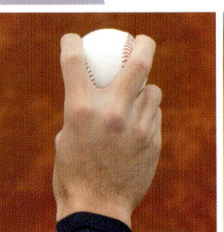

人差し指と中指を縫い目に沿わせ、浅く挟む

menu 100 ツーシーム

BASEBALL Lesson Menu 210

投手
時間 10分程度
回数 10回×3セット

ねらい
ストレートに近いスピードで、シュートやスライダーのように変化します。小さな変化なので内野ゴロを打たせるのに最適です。

練習方法
1. バッテリーは各ポジションについて構える
2. 回数を決めて、ツーシームを投げ込む
3. 腕の振り方、リリース時の指先の力加減はストレートと同じに投げる

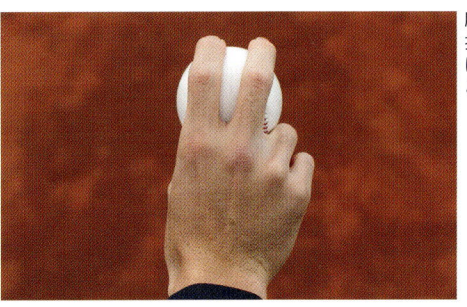

腕の振り方、指先の力加減はストレートと同様

人差し指と中指を2本の縫い目に沿わせる

---

menu 101 チェンジアップ

BASEBALL Lesson Menu 210

投手
時間 10分程度
回数 10回×3セット

ねらい
チェンジアップは、いきなり球威を落とすことで、バッターのタイミングを外します。フォームがゆるまないように注意します。

練習方法
1. バッテリーは各ポジションについて構える
2. 回数を決めて、チェンジアップを投げ込む
3. フォームが緩まないように注意しながら腕の振りを速くする

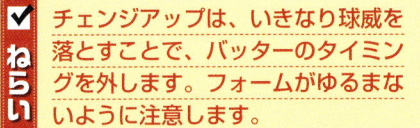

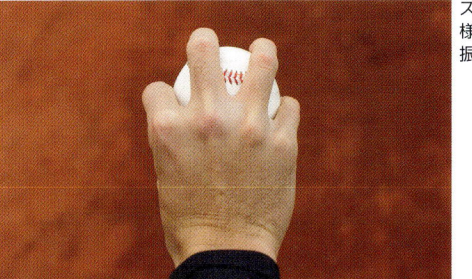

ストレート同様に腕を強く振って投げる

人差し指と親指で輪を作って握る

---

01 送球・捕球
02 打撃
03 走塁
04 投手
05 捕球
06 守備
07 フォーメーション
08 ウォーミングアップ

menu 102　ロープとロープの間のストライクゾーンに投げ込む

BASEBALL Lesson Menu 210

投　手
時　間　10分程度
道　具　ロープもしくはヒモ

1

ロープはストライクゾーンの高低に合わせる

ロープもしくはヒモ

2

キャッチャーは高低に合わせて構え、捕球する

指導のポイント

投げる目標を作る

コントロールをつけるのはなかなか難しいですが、投げる目標を作るのもひとつの手です。最初はストライクゾーンに投げさせ、その後はボール1個分外すなど、要求を上げていきましょう。プロの練習では、縦にもロープを通します。

✓ ねらい	ストライクゾーンの高低部分にロープを張って投球練習をします。ストライクゾーンのギリギリに投げ込むイメージをつかみます。
✓ 練習方法	① ストライクゾーンの一番高いコースと一番低いコースに合わせて2本ロープを張る ② キャッチャーはロープの高さに合わせて構える ③ ピッチャーはロープの間を目標に向かって投げる

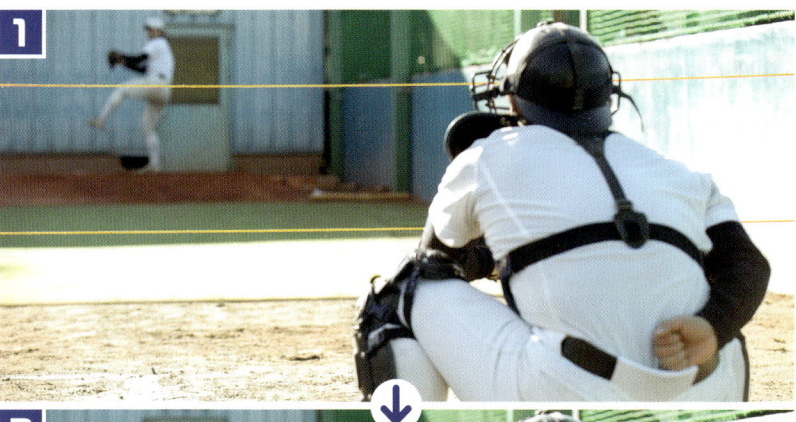

1 ピッチャーはロープを目標に投げる

2 コースのギリギリをねらう感覚を覚える

3 高低どちらも投げられるように練習する

01 送球・捕球
02 打撃
03 走塁
04 投手
05 捕手
06 守備
07 フォーメーション
08 ウォーミングアップ

115

menu 104-105 けん制練習（一塁、二塁）

BASEBALL Lesson Menu 210

投手
時間 10分程度
回数 10回×3セット

menu 104　一塁けん制

1 セットポジションで構え、ホームを見る

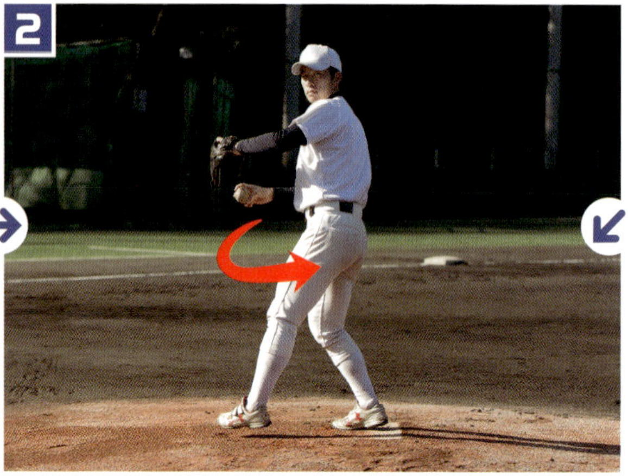

2 軸足のカカトを上げ、ターンする

3 左足は一塁へ真っすぐ踏み出す

4 目的によってスピードを変えて投げる

指導のポイント：常に同じ姿勢から

相手にけん制を悟られないためには、常に同じ姿勢から投げることです。また正確なけん制球を投げる基本は、ベースに向かってステップを真っすぐ踏み出すことです。基本を徹底的に練習させ、試合で使えるようにしましょう。

ここをチェック：背中越しに見る

右ピッチャーの場合、背中越しにランナーを見ます。けん制する時は、軸足のカカトを上げ、親指のつけ根を軸に左回りでターンし、送球します。左ヒジを身体につけていると、投げやすくなります。左ピッチャーは、二塁方向にクロスしないように前足を上げ、一塁ベースに真っすぐ踏み出して投げます。

✓ ねらい	一塁と二塁へのけん制の練習をします。投げる塁によって、身体の回転の仕方が変わってきます。無駄のない動きを身につけましょう。	✓ 練習方法	① 内野手と、ランナーがそれぞれの塁につく ② ランナーは盗塁をねらい、スタートの準備をする ③ ピッチャーは盗塁をされないようにけん制をする

menu 105　二塁けん制

1 ランナーと野手の位置を確認する

2 左回りでターンをする

3 左足を二塁方向へ真っすぐ出す

4 ベースに入った野手のヒザ周辺をねらって投げる

ここをチェック　二塁ベースへ左足を真っすぐ出す

右ピッチャーの場合は、①ターンしやすい歩幅で構える②二塁を向きランナーと野手を確認する③アゴを肩につけたまま、ヘッドアップしないで左回り④二塁ベースへ左足を真っすぐ出す、以上に気をつけ、野手のヒザのあたりをねらって投げます。左ピッチャーの場合は同じ動きから右回りをします。二死でカウントが2-3の場合、シングルヒットで生還されないように、必ずこのけん制を入れます。

01 送球・捕球
02 打撃
03 走塁
04 投手
05 捕球
06 守備
07 フォーメーション
08 ウォーミングアップ

119

menu 106 けん制練習（三塁）

BASEBALL Lesson Menu 210

投 手
時間　10分程度
回数　10回×3セット

ねらい
三塁へのけん制の練習をします。相手の得点チャンスの芽を摘む一方で、万が一暴投してしまうと失点につながるため、確実な技術が必要です。

練習方法
1. 内野手と、三塁ランナーがそれぞれの位置につく
2. ランナーは、ワンウェイかツーウェイリードをとる
3. ピッチャーはけん制をする

menu 106　三塁けん制

1 ランナーの動きを見る

2 ホームを見たまま、前足を上げる

3 三塁方向へ顔を向ける

4 左足を真っすぐ踏み出して投げる

指導のポイント　無理をして投げない
三塁へのけん制はタイミングが合わないときは、無理をしないように指導しましょう。悪送球やボークの場合は相手に得点が入ってしまいます。

ここをチェック　真っすぐ踏み出す
右ピッチャーでプレートを外さない場合は、二塁方向へクロスしないように前足を上げ、三塁ベースへ真っすぐ踏み出します。プレートを外した場合は野手と同じなので、どんな動きをしてもOK。左ピッチャーはターンが必要なので、悪送球には注意します。

menu 107

BASEBALL Lesson Menu 210

キャッチャーを相手にけん制練習

投手
時間 10分程度
回数 10回×3セット

ねらい
各塁に投げなくても、キャッチャーを相手に、自分の向きを変えて、けん制の練習をすることができます。けん制時の足の踏み替えを覚えましょう。

練習方法
1. ピッチャーはブルペンでキャッチャーがけん制の方向になるように向きを変える
2. ランナーをイメージして、タイミングを計る
3. 軸足のカカトを上げ、親指のつけ根を軸にしてキャッチャーのいる方向へターンする
4. 左足の指先を真っすぐキャッチャーへ踏み出して、投げる

1 ブルペンで向きを変えて、構える

2 軸足のカカトを上げ、ターンをする

3 一塁に見立てたホームへけん制球を投げる

指導のポイント
けん制の目的とは?
ランナーをアウトにすることと、スタートを遅らせることです。ピッチャーには目的にそったけん制をするように指導しましょう。焦って暴投を投げると、ピンチを広げてしまいます。

ここをチェック
ブルペンで行える練習
走者や内野手がいなくても、ピッチャーが向きを変えれば、ブルペンなどでキャッチャー相手にけん制練習ができます。投球練習後に、時間や人数を割くことなく移れるのも利点です。

menu 108　一塁へのベースカバー

BASEBALL Lesson Menu 210

投手
時間　10分程度
回数　5回×3セット

ねらい
ベースカバーも、ピッチャーには重要な役割の1つになります。投球した後は内野手のひとりとして、確実なカバーリングと判断力を身につけましょう。

練習方法
1. 内野手が各ポジションに入る
2. 投球後、ピッチャーが一塁側へ打球を意識して走る
3. ベースカバーに入る

1 ベースカバーに備えて走り出す

2 一塁線から回り込むようにベースに入る

3 ファーストからのトスを見ながら、歩幅を合わせる

4 右足でベースの内側を踏む

指導のポイント　左側へ飛んだら一塁へ
自分より打球が左側に飛んだら、一塁のベースカバーに入ります。ピッチャーにはイニング、アウトカウント、得点、守備陣形など、常に周りの状況を頭に入れるよう、指導してください。

ここをチェック　ベースカバーの動き
一塁の手前で捕球し、右足でベースのカドを踏み、グラウンド内側へ駆け抜けます。一塁後方からの送球は、一塁線に沿って走ると捕球がしやすくなります。サード方向からの送球時には、最短距離でベースに入り、ボールを待ちます。

menu 109 ノーアウト一塁のバント守備（二塁へ送球）

BASEBALL Lesson Menu 210

投手
時間　5分程度
回数　5回×3セット

ねらい
バントの打球を捕球し、二塁へ投げる練習です。ランナーの進塁を防ぎ、試合の流れを相手チームに向けさせないための重要なプレイです。

練習方法
1. 内野手と一塁ランナーはそれぞれのポジションにつく
2. ピッチャーはホームに投げるふりをする
3. ノッカーはピッチャー前にバントの打球を転がす
4. ランナーは打球が転がるのを確認して、スタート
5. ピッチャーは捕球し、二塁へ送球する

1 ボールを正面で捕る

2 足を踏み替えてターンをする

3 二塁へ向かって左足を真っすぐに踏み出す

4 アゴを引き、二塁へ素早く送球する

指導のポイント　正面で捕球してターン
内野手のように正面で捕球し、足を踏み替えて、送球します。半身の体勢の選手もいますが、イレギュラーの打球にうまく対応できません。また、送球の時にアゴが上がって悪送球になってしまう可能性があります。指導者はリズムよくターンできているかチェックしてください。

menu 110

BASEBALL Lesson Menu 210

ノーアウト一、二塁の バント守備（三塁へ送球）

投　手
時　間　5分程度
回　数　5回×3セット

ねらい
バントの打球を捕球し、三塁へ投げる練習です。相手の先制点のチャンスを阻むために、確実にアウトにしなければなりません。

練習方法
① 内野手と一、二塁ランナーはそれぞれのポジションにつく
② ピッチャーはホームへ投げるふりをする
③ ノッカーはピッチャー前にバントの打球を転がす
④ ランナーは打球が転がるのを確認して、スタート
⑤ ピッチャーは捕球して三塁へ送球する

1 マウンドから駆け下り、捕球体勢に入る

2 捕球したら、ボールを身体の中心に収める

3 低い姿勢のまま、三塁方向へターンする

4 左足を三塁方向へ踏み出し、送球する

指導のポイント

右足を軸にターンする

身体の正面でボールを捕球し、右足に軸に三塁方向へターンします。身体の中心にボールを収め、左足を三塁方向に踏み出して送球します。マウンドから駆け下りた勢いを使って、捕球から送球まで低い姿勢のまま行うのが理想です。

menu 111

BASEBALL Lesson Menu 210

ノーアウト三塁の バント守備（本塁へ送球）

投手

時間 5分程度
回数 5回×3セット

ねらい
ピッチャーのグラブトスを練習します。本塁送球の時に大切な技術ですので、練習でマスターしておきましょう。

練習方法
1. 内野手、三塁ランナーはそれぞれのポジションにつく
2. ピッチャーはホームへ投げるふりをする
3. ランナーはピッチャーが前足を上げたら、本塁へスタートを切る
4. ノッカーはピッチャー前にバントの打球を転がす
5. ピッチャーは捕球し、本塁へグラブトスをする

01 送球・捕球
02 打撃
03 走塁
04 投手
05 捕手
06 守備
07 フォーメーション
08 ウォーミングアップ

1 マウンドから駆け下り、グラブで捕球する

2 走った勢いを利用して腕を振る

3 本塁でのプレイに備える

指導のポイント
時間がない時に素早く送球

利き手に握り替えて送球する時間がない場合はグラブトスを使います。試合で1点を争う場面では、この技術が大いに役立ちます。試合で使えるように、練習でマスターさせておきましょう。

ここをチェック
スナップは使わない

シングルハンドで捕球し、グラブの握りをゆるめながら、走った勢いを使って腕を振ります。捕球はグラブの人差し指が当たっている辺りで行います。また手首のスナップを使うとボールが浮いてしまうので気をつけましょう。

menu 112 寝転がったままスナップでボールトス

BASEBALL Lesson Menu 210

投 手
時間　5分程度
回数　5回×3セット

ねらい
投球時の手首のスナップの動きを覚える練習です。ピッチャーがよく行う練習で、練習の合間でもできるため、常日ごろから行うようにしましょう。

練習方法
1. 地面に寝転んでボールを持つ
2. 手首を使って真上に向かって投げる
3. 落ちてくるボールを捕球する

1　地面にあおむけになって寝転がる

2　手首のスナップを使って真上へボールを投げる

指導のポイント　ボールに触ることが大切
ボールをはじく指先の感覚を忘れさせないため、ピッチャーには普段からこの練習をさせて、手にボールをなじませるようにしてください。練習時間だけでなく、自宅でもボールに触ることが大切です。

ステップアップ　真っすぐな縦回転を
手首のスナップを使い、真っすぐな縦回転をかけて投げます。天井があるところでは、そこまでの距離を目安に投げると、コントロール力を上げる練習になります。硬球に恐怖心がある場合は、軟式ボールでも構いません。

menu 113 — BASEBALL Lesson Menu 210
ランニング①（ダッシュ&ジョグ）

投手

時間	10分程度
回数	10回×3セット

ねらい
足腰を鍛え、心肺機能を高め、スタミナアップにつながる練習です。とくに下半身強化が必要なピッチャーにやらせるようにしましょう。

練習方法
1. 外野フェンス際を使って、10mをダッシュで走る
2. 同じ距離をジョギングで戻る
3. 次は20m、30mと段々距離を伸ばしていく

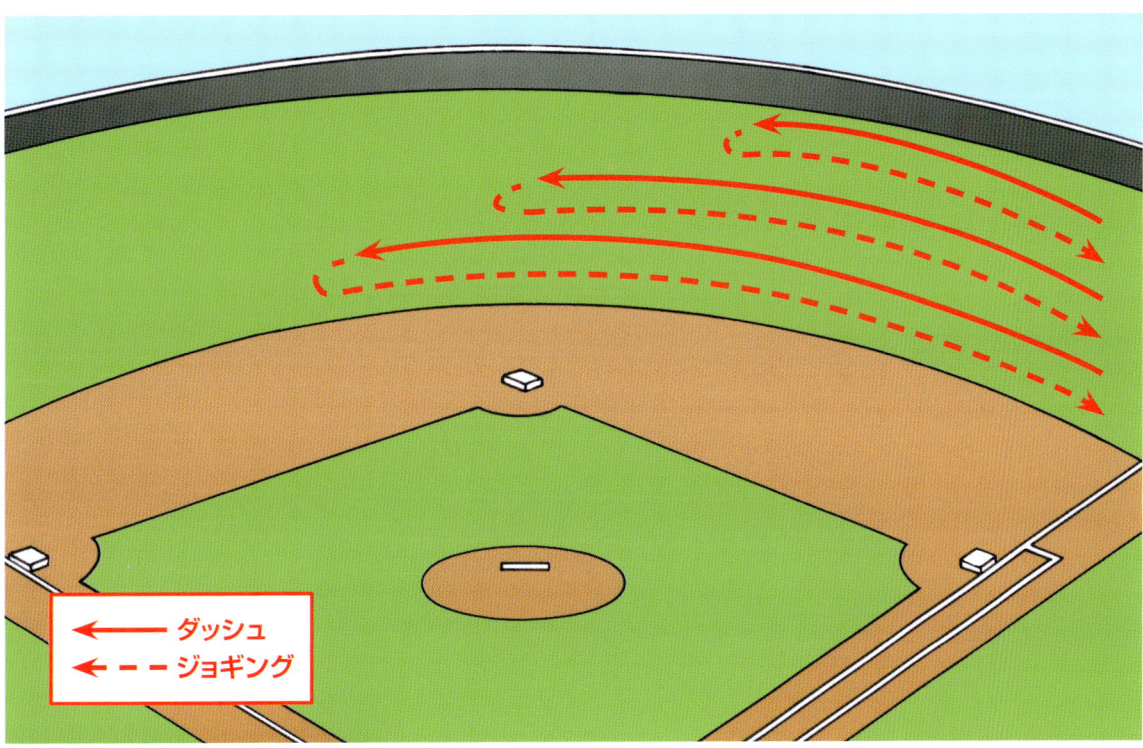

← ダッシュ
←--- ジョギング

グラウンドを広く使って体力強化に励みます

目的を理解し、ステップアップを目指す

01 送球・捕球
02 打撃
03 走塁
04 投手
05 捕手
06 守備
07 フォーメーション
08 ウォーミングアップ

menu 114 ランニング②（ポイントタッチ）

対象：投手
時間：10分程度
道具：ポイント

ねらい
アジリティ（俊敏性）を強化する練習です。歩幅を小さくした素早い動きはバント守備などにも効果があります。

練習方法
1. 1.5mの間隔でポイントを置く
2. 1番近くにあるポイントに向かって走り、タッチをする
3. 元の位置までジョギングで戻る
4. 隣のポイントに向かって走り、タッチをする
5. 元の位置までジョギングで戻る

低い姿勢を保ったまま、機敏に動く。反復練習で数をこなしていく

menu 115 ランニング③（タイヤ押し）

対象：投手
時間：10分程度
道具：タイヤ、ポイント

ねらい
下半身を強化する練習です。太モモや臀部の筋力がつき、コントロールが安定したり、球威が増す効果があります。

練習方法
1. タイヤを横に寝かせて置く
2. ポイントでスタートとゴールを決める
3. タイヤの側面を持ち、ゴールに向かって押し進めながら走る

タイヤの後方部分を持つ

下半身の力でタイヤを前へ押し進める

第5章
捕手

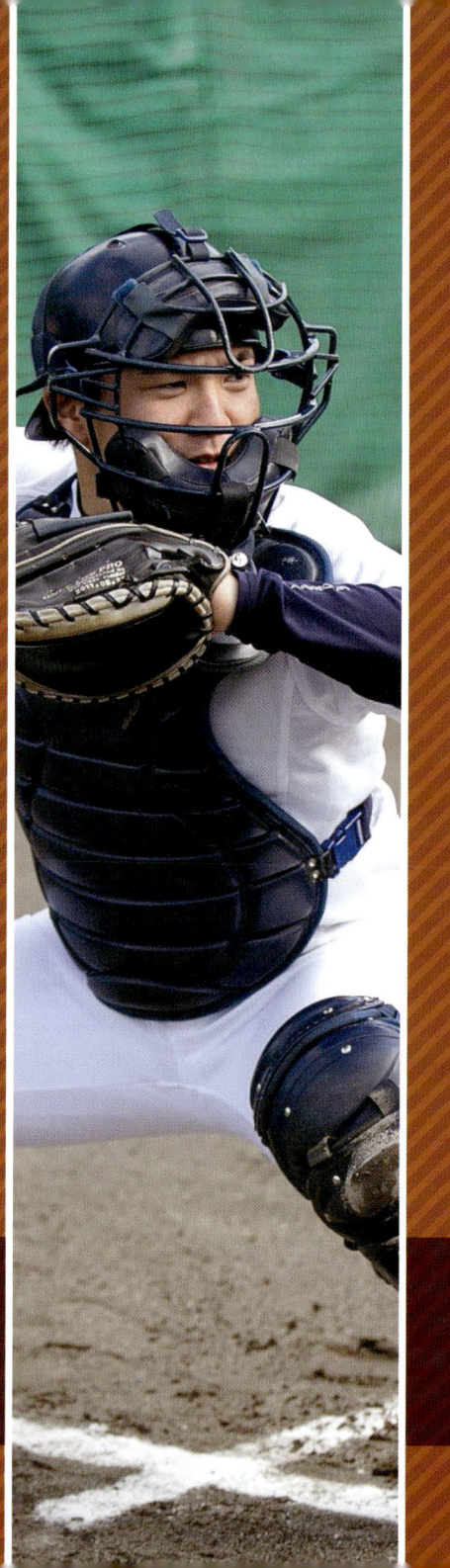

守備の要、キャッチャーのための練習メニューをより充実させて紹介。
強い肩と軽快なフットワーク、判断力を鍛えるために、紹介した練習を繰り返し行ってください。

05

menu 116 正しく構える

BASEBALL Lesson Menu 210

捕手
時間 3分程度
回数 3回

ねらい
シングルハンドによるキャッチャーの正しい構え方を見直します。ピッチャーが安心して投げられるよう、落ち着いて、バランスよく構えます。

練習方法
1. 防具をつけて、ホームベースの後ろで準備をする
2. 肩幅に開いた両足のつま先を10時10分に広げる
3. 姿勢を低くしてミットを構える

正面

ミットは正面に構える。捕球の時も低い姿勢のまま

横

ランナーがいる場合はカカトを上げる。右手は腰のあたり。

指導のポイント

基本の姿勢が大切

ヒザを地面に着けて構えている選手を見かけますが、それだと動こうとした時に、立ち上がりが遅れてしまいます。あくまでも基本の姿勢をとらせてください。体重が後ろにかかっていないかも注意しましょう。

ここをチェック

各部分をチェック

正面にミットを構え、カカトは上げるか下げるか、どちらか動きやすい方を選びます。右手を下げて背中に回し、右腰あたりにつけ、両肩のラインは平行にします。1つひとつをチェックしながら練習してください。

menu 117 ロープの下をくぐって捕球する

BASEBALL Lesson Menu 210

捕手
時間 5分程度
道具 ロープもしくはヒモ

ねらい
低い姿勢をキープしながら捕球する練習です。バントなどでキャッチャー前に転がった打球を、素早く捕って、次の動作に移ります。

練習方法
1. 正しいポジションで構える
2. 頭の高さにロープを張る
3. ボール出しする人がゴロを出す
4. キャッチャーはロープをくぐってゴロを捕球する

1 ボールが転がったら、マスクを外す

2 ロープの下をくぐってボールの近くに進む

3 低い姿勢を保ち、捕球をする

4 素早く握り替えて、送球する

指導のポイント：タイムを計る

低い姿勢の方が素早く動けることを理解させるために、タイムを計るのもお勧めです。捕球のスピードを選手間で競わせたり、ロープの高さを徐々に低くしたりするなど、工夫できます。

menu 118 後ろからきたゴロの捕球

BASEBALL Lesson Menu 210

捕 手
時 間　5分程度
回 数　5回×3セット

ねらい
バント処理の練習になります。低い姿勢で捕球する練習とともに、股の下から転がるボールに反応し、判断力と俊敏性も鍛えます。

練習方法
1. 正しいポジションで構える
2. ボール出しの人は、キャッチャーの両足の間からゴロを転がす
3. 転がったボールを捕球する

1 キャッチャーの両足の間からボールを出す

2 キャッチャーはマスクを外してボールを追う

3 なるべくボールに近づいて捕球体勢に入る

4 投げる塁の方向へ左足を踏み出し、送球する

指導のポイント ― バントのイメージで

ボール出しする人は、バントした打球が転がるイメージでキャッチャーの両足の間からボールを投げます。キャッチャーが低い姿勢のまま動いているかもチェックしましょう。

menu 119

BASEBALL Lesson Menu 210

地面に描いた十字でフットワーク練習

捕 手

時間　5分程度
回数　10回×3セット

ねらい
低い姿勢から送球へのフットワーク練習です。捕球後に頭の高さを維持しながら送球することが大切です。キャッチャーだけでなく、内野手にも必要な練習です。

練習方法
1. 地面に十字のラインを引き、中央に構える
2. 指導者の合図で、左足を前、右足を後ろにステップする
3. 両足を元の位置に戻す
4. この動きを素早く行い、一定時間繰り返す

1 十字のラインの中央に構える

2 縦のラインに両足が並ぶように左足を前、右足を後ろにステップ

3 素早く元の構えに戻る。上半身の送球動作も組み合わせる

指導のポイント

頭の位置を変えない

低い姿勢で送球する場合、投げる方向に半身になる必要があります。頭の位置を変えずに送球する動きを徹底させましょう。

01 送球・捕球
02 打撃
03 走塁
04 投手
05 捕手
06 守備
07 フォーメーション
08 ウォーミングアップ

133

menu 120

BASEBALL Lesson Menu 210

十字から前へ進むフットワーク練習

捕　手
時間　5分程度
回数　10回×3セット

ねらい
十字上のフットワークから前へ進み出す練習です。キャッチャーには、強靭な下半身が必要になるので、この練習で鍛えていきます。

練習方法
① 十字のラインの中央に、ミットを持たないで構える
② 指導者の合図で、左足を前、右足を後ろに同時にステップする
③ 両足を平行に戻しながら前へ進む
④ この動きを素早く行い、一定時間繰り返す

1 合図で両足を十字にステップする

2 前に出した左足の位置に合わせて正面に構える

3 十字のステップを繰り返し、前進する

指導のポイント
声をかけながら行う

低い姿勢のまま、ステップをして前へ進むにはかなり負荷がかかります。その分効果も大きいといえます。選手が下を向かないよう、声をかけてコミュニケーションをとりながら、練習を進めましょう。

menu 121 握り替えの練習

BASEBALL Lesson Menu 210

捕手
時間 5分程度
回数 10回

ねらい
ボールの握り替えの練習です。素手でボールを連続でキャッチします。ミットを手のように扱い、できるだけ素早く行います。

練習方法
1. 素手で準備する
2. トスが来たら、ミットを着ける方の手で受ける
3. 手の平に当たる瞬間に手首を内側に傾ける
4. ボールを投げる方の手に握り替える

1 トスされたボールを素手で受ける

2 ボールが手の平に当たる瞬間に手首を内側に傾ける

3 手の平にはじかれたボールを右手でつかむ

指導のポイント
握り替えのスピードアップ

捕球から送球への動きで重要なのは、ミットの返しです。送球に移る時の握り替えのスピードを早くします。様々なボールを捕って、野手よりも重いキャッチャーミットを自在に扱えるようにしましょう。素手で行うため、球離れの感覚もつかめます。

01 送球・捕球
02 打撃
03 走塁
04 投手
05 捕手
06 守備
07 フォーメーション
08 ウォーミングアップ

135

menu 122 ボールを使った フットワーク練習

BASEBALL Lesson Menu 210

捕 手
時 間　5分程度
回 数　10回

ねらい
前のページで紹介した十字の上でのフットワークをしながら、キャッチしたボールの握り替えを行う練習です。基本動作を正確に素早く行います。

練習方法
1. ミットは持たずに、正しいポジションで構える
2. トスボールが来たら、キャッチしてステップ
3. ボールを握り替えたら、後ろにそらす
4. この動きを素早く行い、一定時間繰り返す

1 トスされたボールを素手で捕球する

2 ステップをしながら素早く握り返す

3 ボールを後ろにそらせ、次のトスを受ける

指導のポイント
素手で行って感覚をつかむ

捕球を素手で行い、利き手に握り替える感覚をつかみます。捕球の時に左手の面を少し内側に向け、利き手をボールの近くに構えるのがコツです。繰り返し練習させ、スピードの要求を上げていきましょう。

menu 123 捕球から送球態勢への流れ

捕手
時間 3分程度
回数 10回×3セット

ねらい
捕球後、ボールを握り替えて、送球に移るまでの練習です。素早く行えるように、繰り返し練習します。

練習方法
1. 正しいポジションで構える
2. 指導者がボールを投げる
3. 捕球したら握り替えて、素早く送球する

1 低い姿勢で構える 
2 捕球と同時に右足を前へ 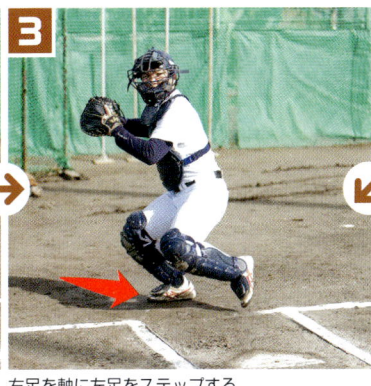
3 右足を軸に左足をステップする 
4 ボールを握り替え、ヒジを肩の上まで引き上げる 
5 投げる方向へ左足のつま先を向ける 
6 送球する

指導のポイント：フットワークで刺す
前ページで練習した十字のフットワークと握り替えを活かします。盗塁はフットワークで刺すともいわれるくらいなので、繰り返し練習させましょう。送球が安定しない場合は、ボールの縫い目に指がかかっているかチェックしてください。

ここをチェック：左ヒザから動く
捕球の直前に左ヒザを軽く引きます。捕球と同時に右足から出し、次に左足をステップして送球に移ります。左ヒザのリードが一連の動きをスムーズにさせます。フォームは小さいですが、しっかり体重移動をして、速い送球を目指します。

menu 124 円を使ったキャッチとタッチ

BASEBALL Lesson Menu 210

捕　手
時間　5分程度
回数　10回×3セット

1 円の中に左足を入れ、捕球する

2 右ヒザを左ヒザに引き寄せる

5 右ヒザを引き寄せタッチしにいく

6 右手はミットの中のボールをしっかり握る

指導のポイント：ギリギリ捕れるぐらいで投げる

ベースを使わないので、同時に何か所でも行えます。送球がそれた場合は、捕球を優先して円を出て、捕ったらすぐ戻ります。ボール出しする人は、キャッチャーが円の中でギリギリ捕れるぐらいの場所にボールを投げてください。

✓ ねらい	本塁上で、捕球してからランナーにタッチをする練習です。円をベースに見立てて、円から足が外れないように行います。	✓ 練習方法	① 地面に円の印を描く ② キャッチャーは円に片足を入れて構える ③ トスしたボールを捕球 ④ 三塁ランナーがきたイメージでタッチ

3 滑り込むランナーを想定してタッチする

4 角度の違うトスを捕球する

7 連続してボールを捕球する

8 円を回るイメージで、反復練習

01 送球・捕球
02 打撃
03 走塁
04 投手
05 捕手
06 守備
07 フォーメーション
08 ウォーミングアップ

139

menu 127/128 ショートバウンドの捕球練習①

BASEBALL Lesson Menu 210

捕 手
時 間　5分程度
回 数　10回×3セット

menu 127　正面のショートバウンドの捕り方

1 アゴを引き、バウンドするボールに備える

2 両ヒザを地面につけ、ミットを開く

3 背中丸めて全身で受け止めて、ボールを前に落とす

指導のポイント

全身で受け止める

バウンドしたボールに対して、身体を引かず、背中を丸めて全身で受け止めてください。特に変化球は、思わぬ方向へはじいてしまう恐れがあります。ミットだけで捕ろうとせず、身体全体で止める意識を持たせてください。

ここをチェック

捕球体勢

両ヒザを同時に内側に絞り、地面につけます。このとき、両ワキも締めます。ミットは大きく開くように、股の間で地面と垂直に構えます。

| ✓ ねらい | 正面と身体の右側と左側へそれた、それぞれのショートバウンドの捕り方を練習します。後ろにそらしてしまうと進塁や失点につながるので、大切な練習です。 | ✓ 練習方法 | ① 正しい位置に準備して構える
② ボール出しする人から近い距離でショートバウンドを投げてもらう
③ ヒザの倒し方やミットの構えに注意し、ボールを身体全体で止める |

menu 128　右側にそれたショートバウンドの捕り方

1　アゴを引き、バウンドするボールに備える

↓

2　両ヒザを曲げ、ボール方向の右側へ動く

↓

3　背中を丸めて、少し内側に身体を向ける

指導のポイント

両ヒザを折る

必ず、両ヒザを折って、ボールを止めにいきます。片ヒザだけでは隙間ができ、後ろにそらす可能性があります。背中を丸めて、下半身はやや内側に向くようにすると、ボールが当たっても身体に当たって、前に転がります。

01 送球・捕球
02 打撃
03 走塁
04 投手
05 捕手
06 守備
07 フォーメーション
08 ウォーミングアップ

143

menu 129 ショートバウンドの捕球練習②

BASEBALL Lesson Menu 210

捕　手
時　間　10分程度
回　数　5回×3セット

menu 129　左側にそれたショートバウンドの捕り方

1 ボールはそれても身体は正面を向いたまま

2 身体をボール方向の左側へ移動させる

3 両ヒザを曲げ、ミットを開く

指導のポイント
身体は正面を向く

ボールが横にそれても、身体は正面を向いて捕球します。横向きの姿勢でボールが当たった場合、勢いを殺せずに外側に大きく弾む場合があります。即、進塁や失点につながってしまうので気をつけましょう。

menu 130 スローイング

BASEBALL Lesson Menu 210

捕手
- 時間 5分程度
- 回数 5回×3セット

ねらい
捕球からフットワーク、スローイングまでの練習をします。ここでは、二塁への盗塁を阻止する動きです。走者を簡単に走らせないよう、速くて確実な送球をしましょう。

練習方法
1. 一塁ランナーをおき、キャッチャーは正しいポジションで構える
2. マウンド方向からボールを投げてもらう
3. 盗塁をねらうランナーを見ながら捕球する
4. ランナーがスタートを切ったら、二塁へ送球する

1 ランナーがスタートしたと同時に腰を浮かせる

2 ボールを握り替えながら、右足を一歩前に出す

3 左足をステップし、ヒジは肩より上へ引き上げる

4 二塁方向へ左足をしっかり踏み出し、送球する

指導のポイント

正確な送球も必要

これまで紹介した正確な捕球と十字のフットワーク、右手への早い握り替えに加え、二塁への確実な送球が必要になります。送球時には踏み出した足のつま先を二塁方向へ向けましょう。

01 送球・捕球
02 打撃
03 走塁
04 投手
05 捕手
06 守備
07 フォーメーション
08 ウォーミングアップ

menu 131-132　バントから各塁への送球①

BASEBALL Lesson Menu 210

捕手
時間　5分程度
回数　5回×3セット

ねらい
バント処理で、一塁、二塁へ送球する練習です。一塁線のバント処理ではバッターランナーに送球がぶつからないようマウンド方向へ踏み出します。

練習方法
1. 正しいポジションで構える
2. バッター役がバントの打球を転がす
3. キャッチャーはボールを追って捕球し、一塁、二塁へ送球する

menu 131　一塁への送球

1 定位置で構え、ボールを転がしてもらう

2 なるべくボールまで近づいて捕球する

3 バッターランナーに当たらない角度を確保する

4 マウンド方向へ左足を踏み出して送球する

指導のポイント　捕球から送球への動き

ボールをしっかり見て、できるだけ近づいて捕球します。ボールを身体の中心に集め、バッターランナーに当たらない角度になるように、フェアグラウンド側へ一歩踏み出します。落ち着いて一塁へ送球します。

menu 132 二塁への送球

1 ランナーが一塁にいる設定にする

2 定位置で構え、ボールを転がしてもらう

3 素早く動き、捕球姿勢に入る

4 二塁方向へ左足を真っすぐ踏み出す

5 速いモーションで送球する

6 二塁上でのプレイを見る

指導のポイント

低く速い送球を

二塁への送球は判断力が必要です。アウトにできると思ったら、素早いモーションで、二塁へ投げます。モーションは小さくなりますが、二塁ベース方向にしっかりと左足を踏み出し、低く速い送球を投げましょう。

menu **133** BASEBALL Lesson Menu 210

バントから各塁への送球②

捕手
時間 5分程度
回数 5回×3セット

ねらい
バント処理で、三塁へ送球します。バッターにぶつからないよう移動しながら、捕球、送球の体勢に入ります。

練習方法
1. 正しいポジションで構える
2. バッター役がバントの打球を転がす
3. キャッチャーはボールを追って捕球し、三塁へ送球する

1 定位置で構え、バントに備える

2 マスクを外して、なるべくボールに近づく

3 捕球後、素早くボールを握り替える

4 三塁方向へ左足をしっかり踏み出して送球する

指導のポイント

左足をしっかり踏み出す

捕球したら、一塁方向に身体が流れないように気をつけてください。三塁ベース方向へ左足をしっかり踏み出し、送球します。三塁ベースは近いので、練習で距離感をつかんでおきましょう。

menu 134 キャッチャーフライ

BASEBALL Lesson Menu 210

捕手
時間：10分程度
回数：5回×3セット

ねらい
キャッチャーフライを捕るための練習です。打球に特殊な回転がかかるので、野球で一番難しいフライといわれています。特性を理解し、確実に捕球しましょう。

練習方法
1. 正しい位置に構える
2. ノッカーにフライを打ってもらう
3. マスクを外し、素早く落下地点に入る
4. 両手で確実に捕る

1 定位置で構える

2 フライを打ってもらい、マスクを外す

3 ボールの落下地点へ素早く移動する

4 ホームと逆側を向き、ボールを迎えるように捕球する

指導のポイント：中間地点では声掛けを
キャッチャーフライの守備範囲の確認が必要です。内野手、特にファースト、サードとは声を掛け合います。中間地点にボールがきた時は、野手が声を掛けて捕るようにしましょう。

01 送球・捕球
02 打撃
03 走塁
04 投手
05 捕手
06 守備
07 フォーメーション
08 ウォーミングアップ

時代と共に変わる野球 ③

海外挑戦

Hot Topics about Baseball

世界を舞台に活躍する日本人

一昔前までは、メジャーといえば手の届かぬ憧れの舞台。
しかし今は、海外で活躍する日本人選手も増えてきました。

世界に誇れるプレイを日本人がメジャーで披露

アメリカに渡った有名人といえば、「ドクターK」のニックネームで知られる野茂英雄氏です。身体をひねって投げるその投球スタイルは「トルネード投法」として怖れられ、本場のアメリカ人選手からも、数多く三振の山を量産しました。

そして、イチロー。メジャーでの最多安打や、10年連続200安打の記録を持つ、日本のみならず世界を代表する一流選手です。日米通算4000本安打（日本1278本、アメリカ2722本）を達成。「レーザービーム」と呼ばれる正確無比な強肩による守備、成功率9割以上を2回（2006年、2008年）成し遂げた盗塁、まさに走攻守のすべてで称賛される名選手なのはいうまでもありません。

近年では、ダルビッシュ有や田中将大がメジャーへの進出を果たし、活躍が期待されています。メジャーは確かに憧れの舞台ですが、日本人にとって決して、手の届かない領域ではなくなりつつあります。むしろ、潜在能力の高い日本人が活躍し、世界的に誇れるプレイを披露できる舞台として門戸が開かれているといえるでしょう。

コーチングにもメジャー流を採用

選手としてではなく、コーチとしても海外から学ぶケースが増えつつあります。日本人初のメジャーリーグコーチである立花龍司氏は1997年、ニューヨーク・メッツと契約を交わした海外コーチの第一人者。そして、本書の監修者である江藤省三氏も、メジャーリーグのドジャースにコーチ留学しており、そこでの経験をもとにコーチを長年務めました。千葉ロッテマリーンズのコーチとしては、アメリカ・アリゾナ州ピオリアでキャンプも行っています。ボビー・バレンタイン監督による指揮のもと、メジャー流の練習方法で選手の意識改革に取り組みました。

1軍、2軍に関わりなく、よいプレイをする選手順にチームを3グループに分割。練習の効率が上がったばかりではなく、よいプレイをするとすぐ上のグループに昇格できるシステムにより、緊張感を保った環境を整えたのです。

アメリカに限らず、韓国や台湾といったアジア圏にも、多くの日本人コーチが進出するようになり、今後一層の発展が望まれるところです。

第6章
守備

前半を内野手、後半を外野手に分けて、練習メニューを紹介しています。
守る位置や送球の方向によって、何通りもの動き方があるとこが本章で学べます。

06

menu 135 正しく構える

BASEBALL Lesson Menu 210

内野手
時間 5分程度
回数 10回

ねらい　打球を待つ、正しい構え方を学びます。姿勢を低くして、どの方向に打球がきても、すぐに動き出せる体勢を作ります。

練習方法
1. ボールが来る方に正対して構える
2. ボール出しする人からゴロを転がしてもらう
3. 腰を落として捕球し、利き手でフタをする

両足は肩幅くらいに開く 　　腰を落として低く構える

1 ゴロのバウンドをよく見る 
2 タイミングを合わせてグラブを出す 
3 捕球し、利き手でフタをする

指導のポイント　低く構える

両足は肩幅くらい開き、腰を落として低く構えます。捕球から送球まで、この高さを保つことを意識させてください。ここから、ピッチャーの投球と同時にカカトを浮かし、転がったゴロの方向へスタートを切ります。

ここをチェック　アゴを引く

球足の速い打球や、バウンドの高い打球の場合、アゴを上げてしまう選手がいます。この状態では目線がブレ、体重がカカトにかかってしまい、うまくスタートが切れません。必ずアゴを引いて低い姿勢で構え、つま先に体重をかけます。

menu 136 137 — 左右のゴロをダッシュして捕球

BASEBALL Lesson Menu 210

内野手
時間：5分程度
回数：10回×3セット

ねらい
左右に転がったゴロを捕るために、スタートダッシュの練習をします。

練習方法
1. ボールが来る方に正対して構える
2. ボール出しする人から左右にゴロを転がす
3. 足をしっかり動かして、捕球する

menu 136　右側への打球

1. 低い姿勢で構える
2. 右足を軸に左足をステップする
3. 足を動かし、捕球する

menu 137　左側への打球

1. 低い姿勢で構える
2. 左足を軸に右足でステップする
3. 下からグラブを出し捕球する

指導のポイント ― クロスオーバーステップで

左右のゴロは、低い姿勢のまま、クロスオーバーステップで追います。ボールから遠い方の足をクロスさせてスタートを切ります。こうすると一歩目が大きくなり、身体の向きを早く変えられます。また、正面の地をはうゴロは背中が地面と平行になるくらいの低い姿勢で捕ります。

menu 138 ステップ&スロー

BASEBALL Lesson Menu 210

内野手
時間 5分程度
回数 10回×3セット

ねらい	捕球から送球の動きで大切なステップ&スローを練習します。特に、サード、ショートが一塁へ送球する時に使います。	練習方法	① サードやショートの位置で構える ② ノックを打ってもらい、捕球する ③ ステップ&スローを意識して、一塁へ送球する

ボールを身体の中心に収め、右足からのステップを一塁へ向けて出します。体重移動がスムーズにでき、強い送球が投げられます。リズムよく行えるように繰り返し練習しましょう。

指導のポイント

ステップ&スローの基本

「捕る」「ステップ」「スロー」が基本の流れです。ボールを捕ってから、右足内側のくるぶしを一塁側に向けて踏み出し、左足を右足と一塁を結んだ線上に踏み出すステップを行い、ボールを投げます。①右足②左足③スローの3拍子です。

menu 139 ワンバウンドの送球

BASEBALL Lesson Menu 210

内野手
時間　5分程度
回数　10回×3セット

ねらい
内野手が一塁へワンバウンドで投げる練習です。バウンドさせる場所を覚え、常にファーストが捕りやすい送球ができるように練習しておきましょう。

練習方法
1. 内野手はそれぞれの位置で構える
2. ノッカーは三遊間、二遊間のゴロを打つ
3. 捕球した内野手は一塁へワンバンドの送球をする

1 深い位置で捕球し、送球体勢に入る

2 バウンドさせる目標を決め、低く速い球を投げる

3 ファーストが処理しやすい送球かチェックする

ベースにつき、バウンドする送球に備える

ミットは下から出し、確実に捕球する

指導のポイント　低く速い送球
内野手が三遊間、二遊間の深いところで捕球し、一塁へ投げるには肩が強くなければいけません。また高い山なりのボールでは時間がかかってしまいます。低く速い送球をワンバウンドで投げれば、一塁でアウトにできる可能性が高まります。

ここをチェック　落ち着いて送球する
一塁まで距離があるからと、内野手は焦って投げないことです。送球姿勢が崩れ、暴投につながります。あらかじめ、ワンバウンドで投げるコースが分かっていれば、落ち着いて送球できます。

menu 140　3人リレーキャッチボール

内野手
時間　5分程度
回数　10回×3セット

ねらい
リレーキャッチボールで、早さと正確さを磨きます。中継プレイにも活かせる練習です。

練習方法
1. 3人1組が20mずつ離れて、一列になって構える
2. 合図に合わせて、3人でキャッチボールをはじめる
3. ボールが5往復したら座ったり、選手を交代したりするなど、ルールを決めて行う

1 真ん中の選手が半身になり、捕球する

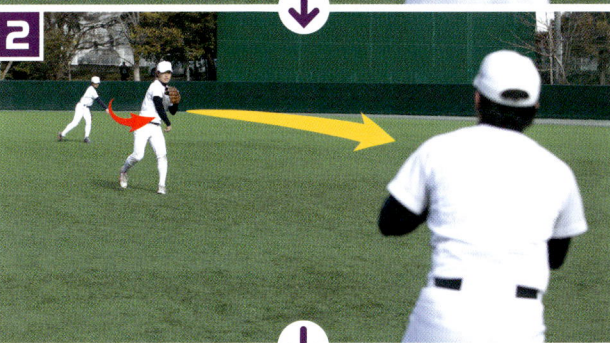

2 素早くターンして送球する

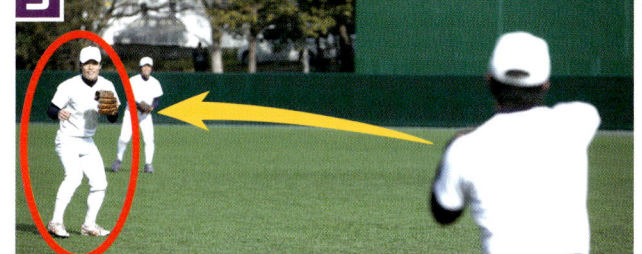

3 逆方向からの送球を半身で待つ

指導のポイント

様々なパターンで
真ん中の選手を入れ替えたり、メンバーを交代したりして、様々なパターンでやらせてみましょう。真ん中の選手が大きく動いてターンしている場合は送球が悪い証拠です。正確な送球をさせましょう。

ここをチェック

早く行うコツ
選手同士で「捕ったらすぐに投げる」を続けさせ、早さを競わせると活気が出て盛り上がります。コツは相手の捕りやすい場所に投げる、動きを正確に続けることです。腕の振りだけでなく、足も使ってキャッチボールをします。

01 送球・捕球
02 打撃
03 走塁
04 投手
05 捕手
06 守備
07 フォーメーション
08 ウォーミングアップ

menu 141 ランダウンプレイ

BASEBALL Lesson Menu 210

内野手
時間　5分程度
回数　10回×3セット

ねらい
ランナーを塁間で挟んだ場合、確実にアウトにするための練習です。ランナーと野手を交代で演じながら、練習します。全選手ができるようにしましょう。

練習方法
① 一塁と二塁に分かれて、向き合って並ぶ
② 二塁の選手が走りながら、一塁の選手にボールを投げる
③ ボールを受けた選手は、走りながら二塁の選手に送球
④ 走りながら、送球捕球を順番に行う

1 二塁の選手が走りながら一塁へ送球する

2 捕球した一塁の選手は、二塁方向へ走る

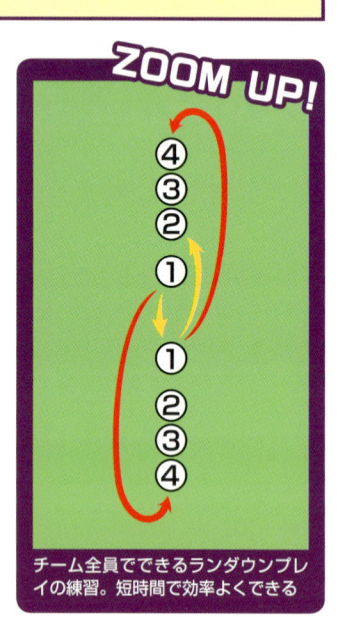

3 送球した選手は、一塁の列の後ろに並ぶ

ZOOM UP!
チーム全員でできるランダウンプレイの練習。短時間で効率よくできる

指導のポイント

ボールを持った野手が追いかける
ボールを持った野手が、ランナーにボールを見せながら、ランナーを追いかけてダッシュします。追いかける野手は、挟んでいる相手の野手がアウトにできるタイミングで声をかけ、ボールを投げます。距離が近い場合には、偽投をやらないようにしましょう。

menu **142** BASEBALL Lesson Menu 210

タッチプレイ

内野手
時間 5分程度
回数 10回×3セット

ねらい
前ページのランダウンプレイや盗塁、けん制時に必要なタッチプレイの練習です。内野手の位置取りと、落球しない捕り方がポイントになります。

練習方法
① 内野手とランナーがそれぞれのポジションにつく
② ランナーが盗塁をする
③ タッチプレイでランナーにタッチする

ランナーのスパイクの前にグラブを置く

ZOOM UP!

ベースをまたいで構え、タッチする

指導のポイント
スパイクの前にグラブを置く

ベースの前で捕球し、ベースをまたいでランナーのスパイクの前にグラブを置いてタッチします。間一髪のときは足を払いのけるようにタッチして、アウトをアピールします。落球しないためには、グラブのポケットで捕るのがベストです。

01 送球・捕球
02 打撃
03 走塁
04 投手
05 捕手
06 守備
07 フォーメーション
08 ウォーミングアップ

159

menu 143-148

BASEBALL Lesson Menu 210

ダブルプレイでの セカンドのベースの入り方

内野手

時間　5分程度
回数　6回×3セット

menu 143

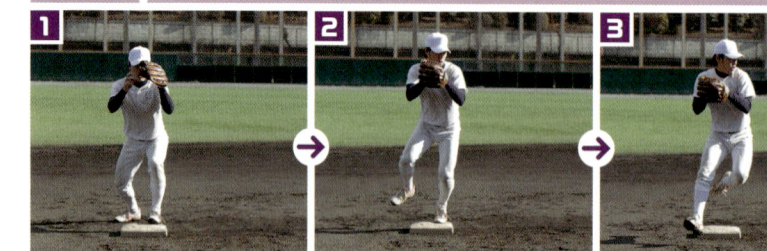

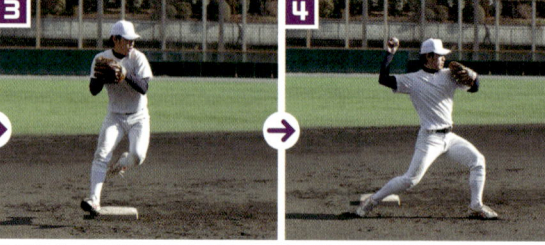

1 → 2 → 3 → 4

ベースの後ろで送球を待ち、捕球と同時に左足でベースタッチ　　右足はベースを越えて着き、左足を一塁へ踏みだして送球

menu 144

1 → 2 → 3 → 4

左足でベースを踏みながら送球を待ち、捕球直後に右足に体重をかける　　左足をベースの後ろに踏み出し、一塁へ送球する

menu 145

1 → 2 → 3 → 4

捕球と同時に左足でベースタッチし、体重を後ろへかける　　右足はベース後ろへ着き、左足は一塁へ踏み出して送球する

指導のポイント

送球のパターン

セカンドは左足で二塁ベースを踏みます。ボールをさばく時はベースの前で、ボールを待つ時はベースの後ろに下がって送球します。ショートとの距離やランナーによって、前、後ろと動きが変わるので、指導者は様々なパターンのノックを打って練習させてください。

ねらい

ダブルプレイで、セカンドが二塁ベースを踏み、一塁へ送球する時のステップを覚えます。ここでは、主に6通りの動き方を紹介します。

練習方法

1. 内野手と一塁ランナーがそれぞれの場所で構える
2. ノッカーはショートに打球を打つ
3. ショートは捕球し、二塁へ送球する
4. セカンドはダブルプレイをとるために二塁ベースに入る

menu 146

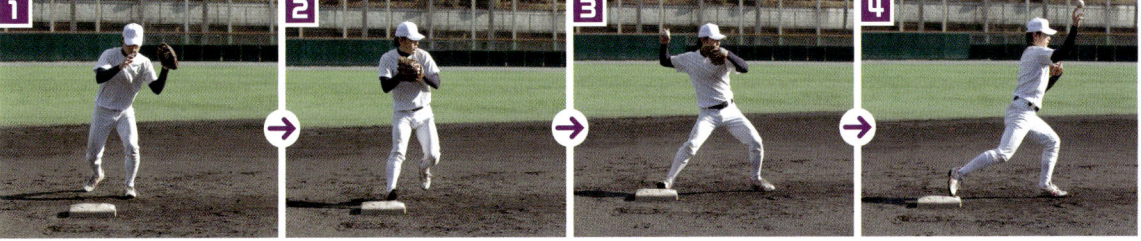

ベースの後ろで捕球した場合は、右足でベースを踏む

体重移動をしっかりして一塁へ送球する

menu 147

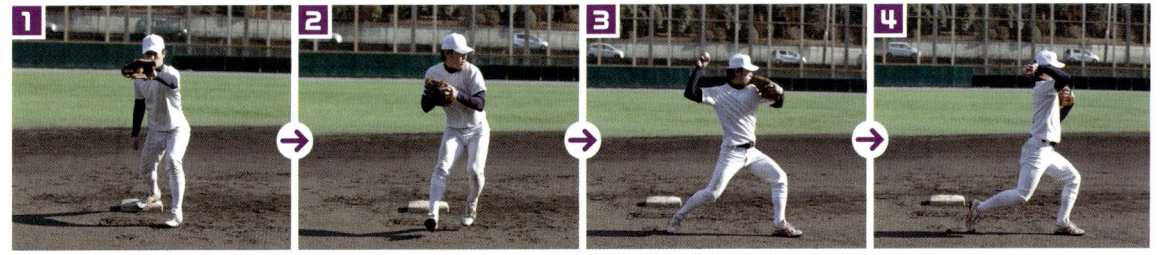

深い打球など間がある場合は右足でベースについて送球を待つ

ベースの前に出て、送球する

menu 148

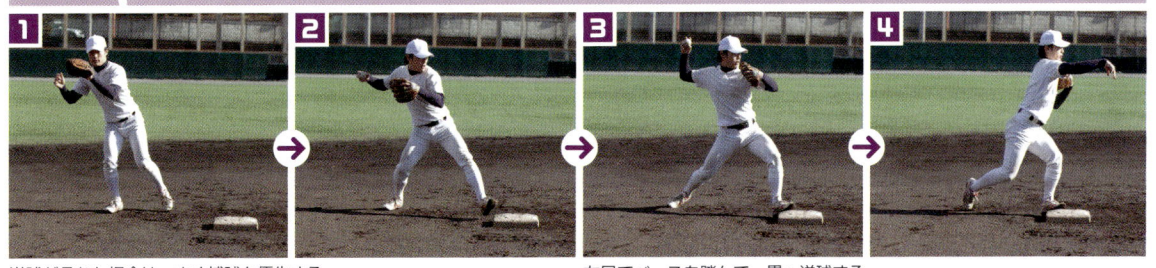

送球がそれた場合は、まず捕球を優先する

左足でベースを踏んで一塁へ送球する

---

01 送球・捕球
02 打撃
03 走塁
04 投手
05 捕手
06 守備
07 フォーメーション
08 ウォーミングアップ

menu 149-152　BASEBALL Lesson Menu 210
ダブルプレイでのショートのベースの入り方

内野手

時間	5分程度
回数	4回×3セット

menu 149

1 → 2 → 3 → 4

捕球と同時に右足の甲でベースの外側をタッチする

ランナーを避けるように、ベースの左側へ出て、一塁へ送球する

menu 150

1 → 2 → 3 → 4

捕球と同時に左足でベースの内側をタッチする

ベースの右側へ出て、一塁へ送球する

指導のポイント
ベースタッチのパターン

ショートのベースタッチは、打球によって変わります。二塁手の捕球が一塁、二塁を結ぶ線より前ならベース内側を左足でタッチします。捕球が後ろの場合は、ベースの外側を右足の甲でタッチします。この場合、右足の甲はベースにすりながら送球します。

✓ ねらい	ダブルプレイで、ショートが二塁ベースを踏み、一塁へ送球するときのステップを覚えます。ここでは、主に4通りの動き方を紹介します。	✓ 練習方法	① 内野と一塁ランナーがそれぞれの場所で構える ② ノッカーはセカンドに打球を打つ ③ セカンドは捕球し、二塁へ送球する ④ ショートはダブルプレイをとるためにベースに入る

menu 151

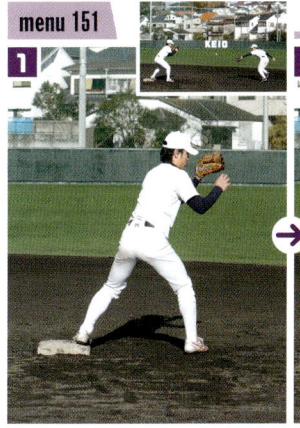

セカンドが二遊間の深いところで捕球した場合は、左足でベースに着く　捕球後、左回りでターンをして送球する

menu 152

ホーム方向からの送球は右足をベースにつけて待つ　捕球後、ベースの前に出て、ボールを握り替える　ヒジを引き上げて、一塁へ左足を踏み出して送球する

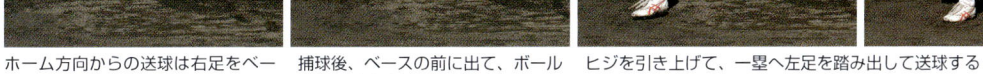

| menu 153 / 154 | BASEBALL Lesson Menu 210
バックハンドの捕り方（セカンド、サード）

内野手
時間 5分程度
回数 5回×3セット

menu 153　セカンド

5 一塁へ正確な送球を行う

4 ボールを素早く握り替え、下半身はステップ

（捕球） 捕球後はグラブを身体に引き寄せる

menu 154　サード

1 クロスステップで半身になり、グラブをはめた小指が正面を向くように捕る

2 低い姿勢のまま、グラブを身体に引き寄せる

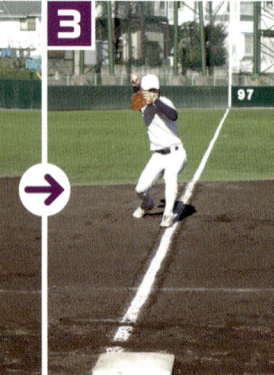

3 体重移動をしながら、ヒジを引き上げる

指導のポイント

練習で自信を

サードの場合は三塁線を抜けると長打につながります。練習でバックハンドの捕球に自信を持たせ、ボールを捕球できるようにしましょう。打球が身体より右側にきた場合は、常にバックハンドで捕るよう指導します。

| ✓ ねらい | 内野手がバックハンドで捕る練習をします。バックハンドを使うと、守備範囲が広がります。 | ✓ 練習方法 | ① セカンド、サード、それぞれのポジションにつく
② ノッカーは、セカンドにはセンター方向の打球、サードには三塁ライン際の打球を打つ
③ 野手はバックハンドで捕球する |

3 クロスステップで打球を追う

2

1 投球と同時に体重はつま先へかける

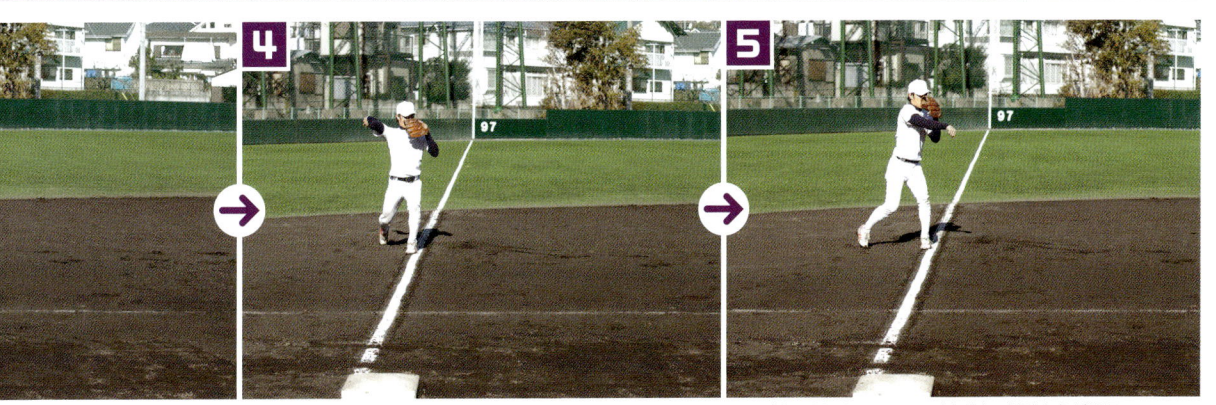

4 一塁方向へ身体を向け、送球する

5 ワンバウンドでもいいので、低く速い送球を心がける

ここをチェック 捕球のコツ

グラブは下から出し、ボールに対して、グラブを開いた面が正対するようにします。サードが三塁線の打球を追いかける場合は、左足から走り出すと捕りやすくなります。

menu 155-156

BASEBALL Lesson Menu 210

二遊間の連係プレイ ①

内野手
時間　5分程度
回数　5回

menu 155

1 ショートはベースについて送球を待つ

2 セカンドは走り込んだ勢いを活かして、グラブトスをする

menu 156

1 セカンドはベースについて、ショートの送球を待つ

2 ショートは捕球し、利き手ですぐフタをする

指導のポイント

試合で自然にできるように

セカンドとショートの連係プレイは、ダブルプレイのときに大変重要になります。ダブルプレイが完成せず、相手に得点を与えてしまう場合もあります。様々なパターンのノックを打ち、試合で自然にできるように練習させましょう。

✓ ねらい	セカンドとショートの連携プレイの練習です。ベースの入り方から送球時の切り返しまで、打球に応じた動きが必要です。
✓ 練習方法	① セカンドとショートがそれぞれの場所で構える ② ノッカーはセカンド方向、ショート方向へそれぞれ打球を打ち分ける ③ 打球の方向によって、一方がベースに入り、一方が打球を追う ④ 捕球したら、ベースに入っている選手へ送球する

3 ショートは捕球をしたら、左回りでターンする

4 ランナーに気をつけて、一塁へ送球する

3 ボールを見せながら、セカンドへトスをする

4 セカンドはタイミングを合わせて捕球する

ここをチェック ボールを見せながらトス

近い距離からトスする場合は、必ず相手にボールを見せながら行います。近い距離ほど呼吸やタイミングが合わないものです。自分が受け手だった場合の経験を活かし、相手が処理しやすいトスを上げましょう。

menu	BASEBALL Lesson Menu 210		
157/158	# 二遊間の連係プレイ②	内野手	
		時間	5分程度
		回数	5回

menu 157

1 セカンドはシングルハンドでゴロを捕球する

2 セカンドはそのままグラブトスをし、ショートはベースの後ろで待つ

menu 158

1 一、二塁のラインより前のゴロは、ショートはベースの後ろで構える

2 セカンドは捕球し、素早くボールを握り替える

指導のポイント　相手の特徴を理解させる

二遊間コンビは息を合わせることが必要です。練習でタイミングが合わなかったら、その場で話し合いをさせるのもいいでしょう。またキャッチボールやその他の練習でもコンビを組ませ、相手の特徴を理解させるようにします。

✓ ねらい	引き続き、セカンドとショートの連係プレイの練習です。様々な打球に対応するために、練習を通して、野手の呼吸が合うようにしましょう。
✓ 練習方法	① ノッカーはセカンド方向、ショート方向へ打球を打ち分ける ② 打球の方向によって、一方がベースに入り、一方が打球を追う ③ 相手の位置をよく確認し、打球を追った方は相手が捕りやすいボールを投げる ④ ノッカーはいろいろな場面を想定して、ノックする

3
ベースタッチと捕球のタイミングが同じなるようにタイミングを計る

4
両手で確実に捕球し、左足でベースを踏んで一塁へ送球する

3
身体を二塁方向へ切り変えず、バックトスで送球する

4
ショートは左足でベースの外側を踏んで一塁へ送球する

ここをチェック バックトス

一、二塁を結ぶ線上でゴロを捕球し、切り返して二塁へ投げるには時間がかかります。こういう場合は、バックトスで投げます。ボールを下から外側に向けるように、ヒジを曲げ伸ばします。送球後は線上に残らないようにしましょう。

01 送球・捕球
02 打撃
03 走塁
04 投手
05 捕手
06 守備
07 フォーメーション
08 ウォーミングアップ

menu 159-160 ファーストの捕球

BASEBALL Lesson Menu 210

内野手
時間　5分程度
回数　7回×3セット

menu 159　ベースについたままの補球

ミットをはめた方の足をしっかり踏み出して捕球する

それた送球は踏み出す位置を合わせる

一、二塁間の深い位置からの送球は身体を向けて送球を待つ

左右にそれたショートバンドはミットを突き出すように捕球する

ギリギリの距離で捕球する場合は軸足を伸ばす

指導のポイント

捕球が優先

確実な捕球と、ベースタッチが原則ですが、悪送球の場合はまず捕球を優先させます。練習でベースを踏みながら捕球できる範囲を覚えさせましょう。捕球後、すぐにベースを踏む練習も行います。

| ねらい | 内野ゴロでフォースプレイの場合、ファーストの捕球で初めてアウトになります。練習で様々な送球を経験し、試合に備えましょう。 | 練習方法 | ① ファーストは野手からの送球を構えて待つ
② 軸足を伸ばしてベースを踏み、ミットをはめた方の足で踏み出して捕球する
③ ベースから足が離れていたら、捕球後にベースを踏む |

menu 160 捕球してからベースにつく

1
高くそれた場合はベースについた足を伸ばして捕球する

2
捕球時にベースから足が離れたら、素早くベースを踏む

1
完全にそれた送球は、ベースから離れて捕球を優先する

2
捕球後、一塁ベースの位置を確認する

3
距離の一番近い、ベース手前を踏む

ここをチェック ミットの使い方

ショートバウンドは、正面の場合できるだけミットを立てて近づけ、ボールが入る瞬間にヒジを引きます。左右の場合はミットを突き出して捕ります。特に捕球できる距離がギリギリだったり、ボールが左右に大きくそれた場合、ミットをはめた方の足で踏み出し、軸足を伸ばしてベースを踏んで捕球します。

01 送球・捕球
02 打撃
03 走塁
04 投手
05 捕手
06 守備
07 フォーメーション
08 ウォーミングアップ

menu 161 BASEBALL Lesson Menu 210
バントシフト戦術

内野手
時間　各15分程度

ランナー一塁の場面

A. 基本シフト（バント実施率50%）

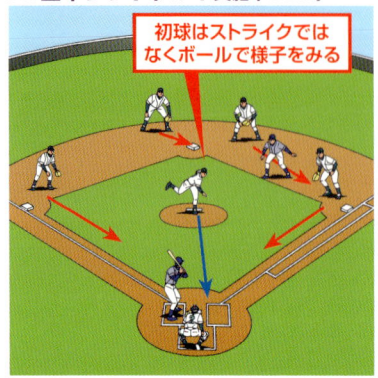

初球はストライクではなくボール球で様子をみる

キャッチャーは野手への指示。ファーストはバントの構えをしたら前進。セカンドは一塁ベースカバー。サードはバントの構えをしたら前進。ショートは二塁ベースカバー

B. ピックオフプレイ

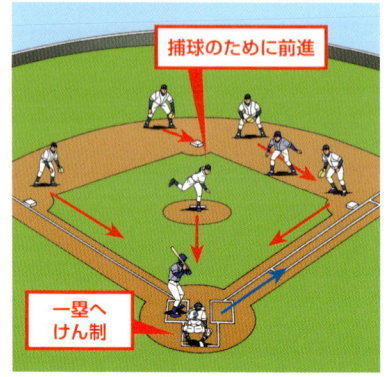

捕球のために前進

一塁へけん制

ファーストは捕球に備え前進。セカンドは一塁ベースカバー。サードは捕球に備え前進。ショートは二塁ベースカバー

C. チャージ（バント実施率100%）

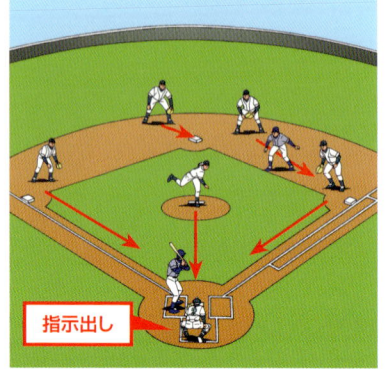

指示出し

ピッチャーは捕球に備え前進。ファーストは捕球に備え前進。セカンドは一塁ベースカバー。サードは捕球に備え前進。ショートは二塁ベースカバー

D. リターンけん制

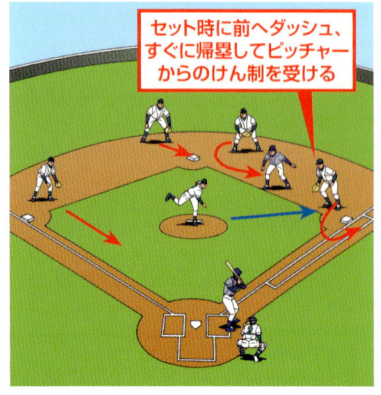

セット時に前へダッシュ、すぐに帰塁してピッチャーからのけん制を受ける

ピッチャーは一塁へけん制。キャッチャーは野手への指示。セカンドは二塁へ行くと見せかけ、一、二塁間へ。サードは捕球に備え前進。ショートは二塁ベースカバー

E. リターンシフト

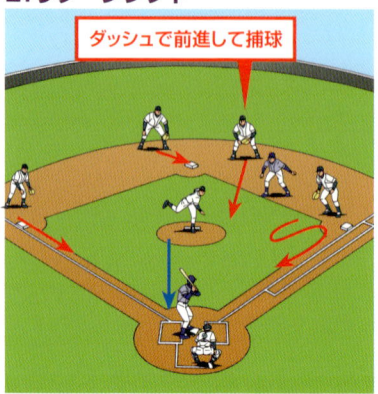

ダッシュで前進して捕球

ピッチャーは一塁へけん制と見せかけ、ホームへ投げる。キャッチャーは野手への指示。ファーストはDの動きから前進。サードは捕球に備え前進。ショートは二塁ベースカバー

指導のポイント

5つの戦術

Aの基本シフトは相手が50%の確率でバントすることを予想して動きます。ピッチャーはボール球で様子を見ます。Bはチャージのシフトで行うけん制プレイです。セカンドは一塁ベースカバーに入ります。Cは100%バントをすると確信してサードとファーストは前進します。ピッチャーは必ずストライクを投げます。Dはファーストが前進すると見せかけ、一塁ベースに戻り、ピッチャーからのけん制でランナーをアウトにします。Eはファーストが一塁に戻ると見せかけランナーを帰塁させ、スタートを遅らせる動きです。

ねらい	練習方法
無死でランナー一塁の場合のバントシフトは5つあります。ランナー一、二塁の場合のバントシフトは4つです。それぞれの場面に対して、各ポジションがどのように動くかを学びます。	① ランナー一塁、ランナー一、二塁の場面を設定し、選手はそれぞれの位置につく ② ピッチャーは投球し、バッターはバントする ③ 各ポジションがシフトの戦術通りに動いてみる

ランナー一、二塁の場面

A. 基本シフト（バント実施率50％）

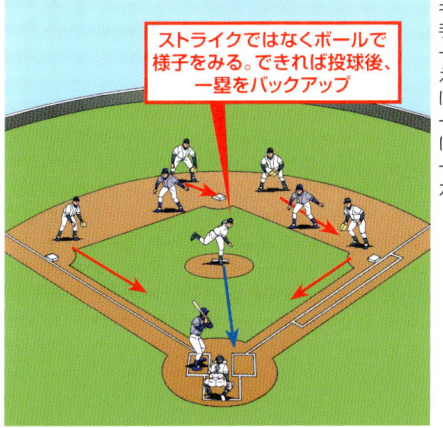

ストライクではなくボールで様子をみる。できれば投球後、一塁をバックアップ

キャッチャーは野手への指示。ファーストは捕球に備え前進。セカンドは一塁ベースカバー。サードは捕球に備え前進。ショートは二塁ベースカバー

B. ピックオフプレイ

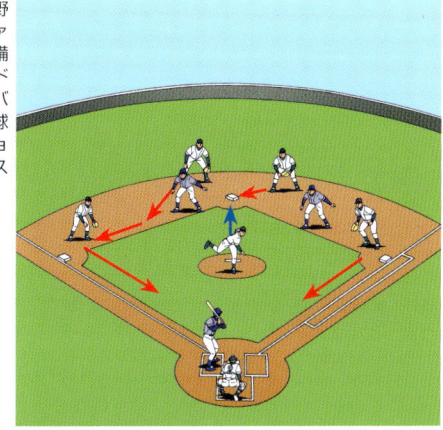

ピッチャーは二塁へけん制。ファーストは捕球に備え前進。セカンドは二塁のベースカバーにけん制を受ける。サードは捕球に備え前進。ショートは二、三塁間へ入り、三塁ベースカバー

C. チャージ（バント実施率100％）

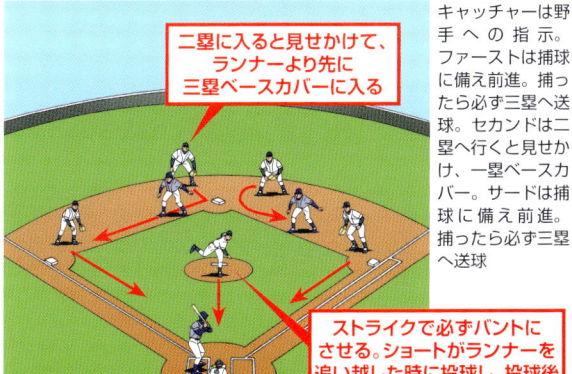

二塁に入ると見せかけて、ランナーより先に三塁ベースカバーに入る

ストライクで必ずバントにさせる。ショートがランナーを追い越した時に投球し、投球後は前進。捕ったら三塁へ送球

キャッチャーは野手への指示。ファーストは捕球に備え前進。捕ったら必ず三塁へ送球。セカンドは二塁へ行くと見せかけ、一塁ベースカバー。サードは捕球に備え前進。捕ったら必ず三塁へ送球

D. バスター対策

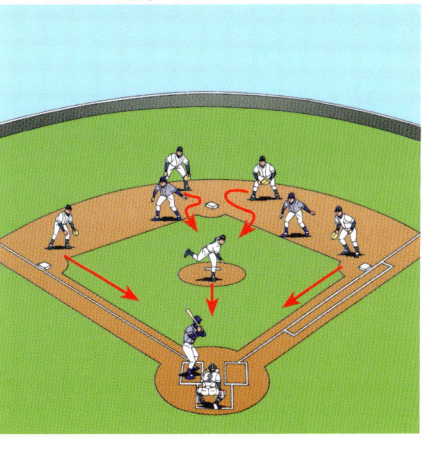

ピッチャーは捕球に備え前進して止まる。キャッチャーは野手への指示。ファーストは捕球に備え前進して止まる。セカンドは二塁へ行くと見せかけ、一塁ランナーの前方へ入り守備。サードは捕球に備え前進し、止まる。ショートは二塁へ行く見せかけ、二塁ランナーの前方へ入り守備

指導のポイント

4つの戦術

Aの基本シフトは相手が50％の確率でバントすることを予想して動きます。ピッチャーはボール球で様子を見ます。Bはピッチャーから二塁へのけん制でランナーをアウトにします。Cは100％バントをすると確信してサードとファーストは前進します。ピッチャーは必ずストライクを投げます。Dは相手がバスターをしてきた場合、ショート、セカンドは二塁ベースに入らずに打球に備えます。

menu 162 ダッシュしてトスを捕球する

BASEBALL Lesson Menu 210

外野手
時間 5分程度
回数 8回

ねらい
走りながら正確に捕る練習です。捕れるか捕れないかのボールを繰り返し練習し、球際に強い選手になりましょう。

練習方法
1. トスする人と選手が15mくらい離れて立つ
2. 選手はトスする人の前方に向かって走る
3. トスを出してもらい、選手は走りながら捕球する
4. 慣れてきたら、前後左右にボールをトスして、選手を揺さぶる

1
高いトス

ボールをトスし、選手はダッシュして打球を追う

1
低いトス

地面ギリギリで捕球するようなボールを出す

2
捕球する様子をみて、次のボール出しのタイミングを計る。

2
選手はあきらめずにグラブをいっぱいに伸ばして捕球する

指導のポイント：最後まで捕らせる

運動能力の高い選手には厳しいボールを、苦手な選手にはしっかり捕球できるボールをトスするなど、選手の力量を考えてトスしましょう。選手と声を掛けて、あきらめずに最後まで捕らせることが大切です。

menu 163 ダッシュしてワンバウンドを捕球する

BASEBALL Lesson Menu 210

- 外野手
- 時間 5分程度
- 回数 8回

ねらい
ワンバウンドしたボールを走り込んで捕る練習です。走り込むときにバウンドしたボールをよく見ることが重要です。

練習方法
1. ボール出しする人と選手が15mくらい離れて立つ
2. 選手はボール出しする人の前方に向かって走る
3. ワンバウンドのボールを出してもらい、選手は走りながら捕球する
4. 慣れてきたら、前後左右にボールを出して、選手を揺さぶる

1 ボール出しをする人は地面に思い切りボールを叩きつける

2 バウンドしたボールを見ながら選手はダッシュをする

3 ボールが地面に着く前に捕球できるようにグラブを出す

4 あきらめずに走り込み、ワンバウンドで捕球する

指導のポイント：選手に合わせたボール出し
選手が走り込んでギリギリ捕れる位置を見極めて、ワンバウンドで落とします。ボールの出し方を工夫することで、選手の守備力は格段に上がります。選手の力量やタイプを考えたボールを出しましょう。

01 送球・捕球
02 打撃
03 走塁
04 投手
05 捕球
06 守備
07 フォーメーション
08 ウォーミングアップ

menu 164 ダッシュしてフライを捕球する

BASEBALL Lesson Menu 210

外野手
時間 3分程度
回数 8回

ねらい
走り込みながらフライを捕球する練習です。ボールの落下地点を予測し、素早くその地点へ入るように練習しましょう。

練習方法
1. ボールを出す人と選手が20mくらい離れて立つ
2. 選手はボールを出す人の前方に向かって走る
3. フライを出してもらい、選手は走りながら捕球する
4. 慣れてきたら、前後左右にフライを上げて、選手を揺さぶる

1 フライになったボールを見て、走り出す。

2 落下地点を予測し、グラブ出しながら走り込む

3 落下したボールを捕球する

指導のポイント｜ギリギリをねらう
選手に合わせて的確な位置にフライを出すことが重要です。選手がギリギリ捕れる場所をねらって、ボールを投げ上げましょう。あまり距離があると、選手があきらめ、近過ぎると簡単に捕れてしまいます。

ここをチェック｜視線がブレないように走る
ボールに追いつくことも大切ですが、それまで視線がブレないように走ることも意識します。視線がブレると、遠近感が鈍ります。落下地点まで、頭を動かさずに走れるように練習しましょう。

menu 165

BASEBALL Lesson Menu 210

ダッシュから振り返ってフライを捕球する

外野手

時間　3分程度
回数　8回

ねらい
後方に上がったフライを走り込んで捕球する練習です。打球の行方を予測できるように練習しましょう。

練習方法
1. 選手はボール出しする人の手前から走り出す
2. 大きなフライを投げてもらう
3. 選手はボールの落下地点を予測して、落下地点まで来たら振り返る
4. フライを捕球する

1 選手はボール出しをする人の手前から走り出す

2 予想した落下地点まで来たら振り返る

3 ボールの行方を見ながら、捕球位置を微調整する

4 落下したボールを捕球し、判断が正しかったかチェックする

指導のポイント

背走してからの捕球
選手が走り出したら、ボール出しの人がボールを投げます。選手は背走しながら捕球する練習になります。ボール出しする人は大きくフライを投げられるようにしましょう。

01 送球・捕球
02 打撃
03 走塁
04 投手
05 捕手
06 守備
07 フォーメーション
08 ウォーミングアップ

menu 166 投げる方の足を前に出してゴロ捕球

BASEBALL Lesson Menu 210

外野手
時間 3分程度
回数 10回

ねらい
ゴロの打球を後ろにそらさないように捕球する練習です。人工芝以外のグラウンドではこの捕り方が必須です。

練習方法
1. ボール出しする人と練習する選手が間を空けて、向き合って立つ
2. ゴロを転がす
3. 選手は前進し、投げる方の足を前に出して捕球する

1 ボールを見ながら前進し、捕球のタイミングを合わせる

2 投げる方の足を前に出して捕球体勢に入る

3 グラブを出して捕球し、ステップして送球する

指導のポイント　グラブがある方の足を引く

土のグラウンドなどイレギュラーのあるグラウンドでは、グラブがある方の足を引き、ボールを身体の中心に収めて捕球させましょう。人工芝でイレギュラーバウンドのない場所では、反対側の足を出して捕球しても問題ありません。

ここをチェック　身体で止められるように

外野手の後逸は、失点の可能性を大きくします。後ろにそらさないように、身体の正面でグラブを構え、うまくキャッチできなくても身体で止められるようにします。

menu 167 アメリカンノック

BASEBALL Lesson Menu 210

外野手
時間 10分程度
回数 3回

ねらい
外野フライをノック形式で捕球する練習です。長い距離を走りながら捕球するので体力強化にも役立ちます。

練習方法
1. 選手は外野のレフトラインあたりに並ぶ
2. ノッカーは、選手の動きに合わせて、レフト、センター、ライトにフライを上げる
3. 選手はダッシュしてレフトから順番に、打球を捕って返球
4. センターフライ、ライトフライの返球後、ライトラインで折り返す

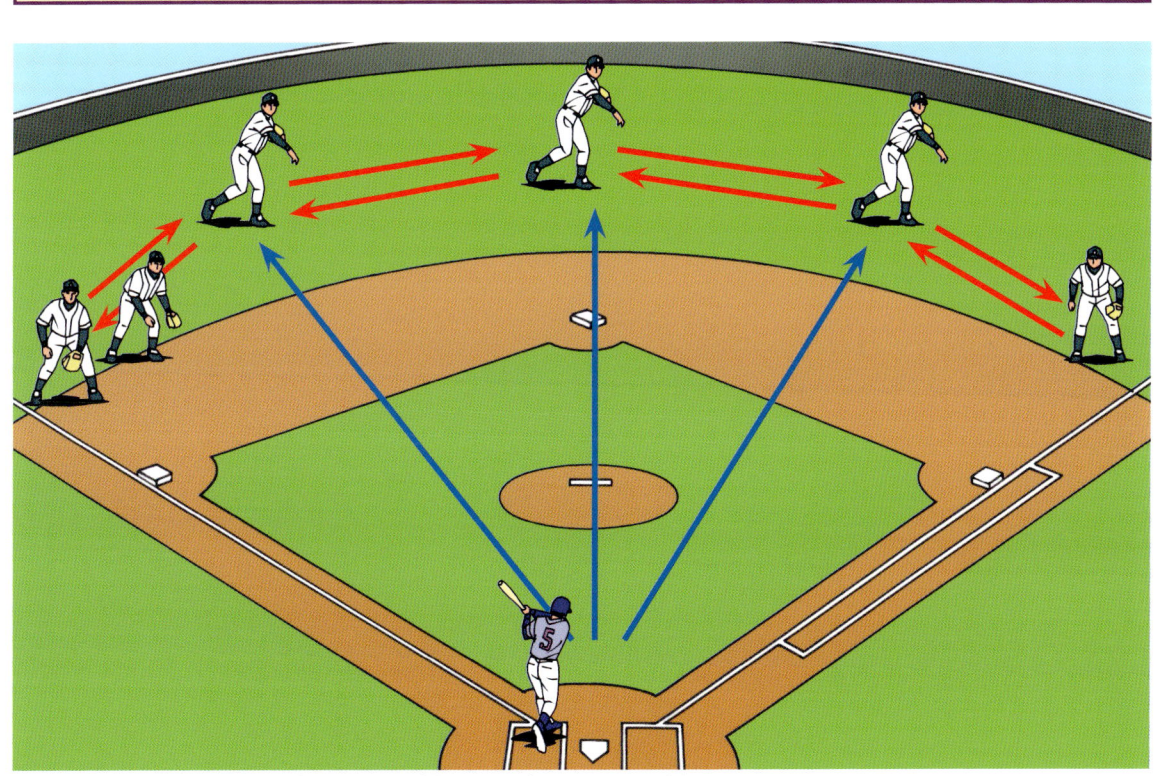

外野手だけでなく、ピッチャーの下半身強化のために練習メニューに加えることもあります。

指導のポイント　目標を作って集中させる
選手の能力に応じて、フライを上げるタイミングを変えます。「10本連続で捕球できたら終了」など目標を作ると、選手も集中し、練習に活気が出ます。ノッカーはねらった場所にフライが出せるように練習しましょう。

ここをチェック　ボールから目を離さない
走りながら落下地点に移動し、捕球後は返球、またすぐ次の捕球場所に走ります。フットワークを止めずにフライを捕球していくので、常にボールから目を離さないように注意します。

01 送球・捕球
02 打撃
03 走塁
04 投手
05 捕手
06 守備
07 フォーメーション
08 ウォーミングアップ

179

menu 168 クッションボールの処理

BASEBALL Lesson Menu 210

外野手 / 時間 10分程度 / 回数 3回

ねらい
外野フェンスに当たって跳ね返ってきたボールに素早く処理する練習です。フェンスにぶつからないように距離感を確かめながら行います。

練習方法
1. 外野手はフェンスに向かって構える
2. ボール出しする人はフェンスへボールを投げる
3. 選手はボールが跳ね返った方向へ移動
4. ボールを捕って返球する

1 選手はフェンスに向かって構える

2 フェンスにボールが当たり、跳ね返った方向へ移動する

3 素早く捕球し、送球体勢に入る

4 内野のカットマンへ向けて送球する

指導のポイント — 普段から練習を
試合グラウンドに着いたら、外野フェンスでクッションボールの練習をしておくといいでしょう。ボールの跳ね返り方がグラウンドによって違うからです。しかし、時間がない場合も考えて、普段からクッションボールの練習をさせておきましょう。

ここをチェック — 判断を早まらない
フェンスに当たって跳ね返る方向を確認してから、動きましょう。そのためには、フェンスに近づき過ぎないこと。クッションボールが再度フェンスに当たって方向を変える可能性があるので、判断を早まらないようにします。

第7章
フォーメーション

相手の進塁や得点を許さない、守備の場面でのフォーメーションを紹介します。場面ごとに異なるので、チーム全員がしっかり理解しなければなりません。

07

menu 169　カットプレイの入り方

BASEBALL Lesson Menu 210

> **ねらい**　自分が投げる先とボールを持った外野手を結んだ直線上に立つことが基本です。また外野手と自分の肩の強さによって、立ち位置が変わります。

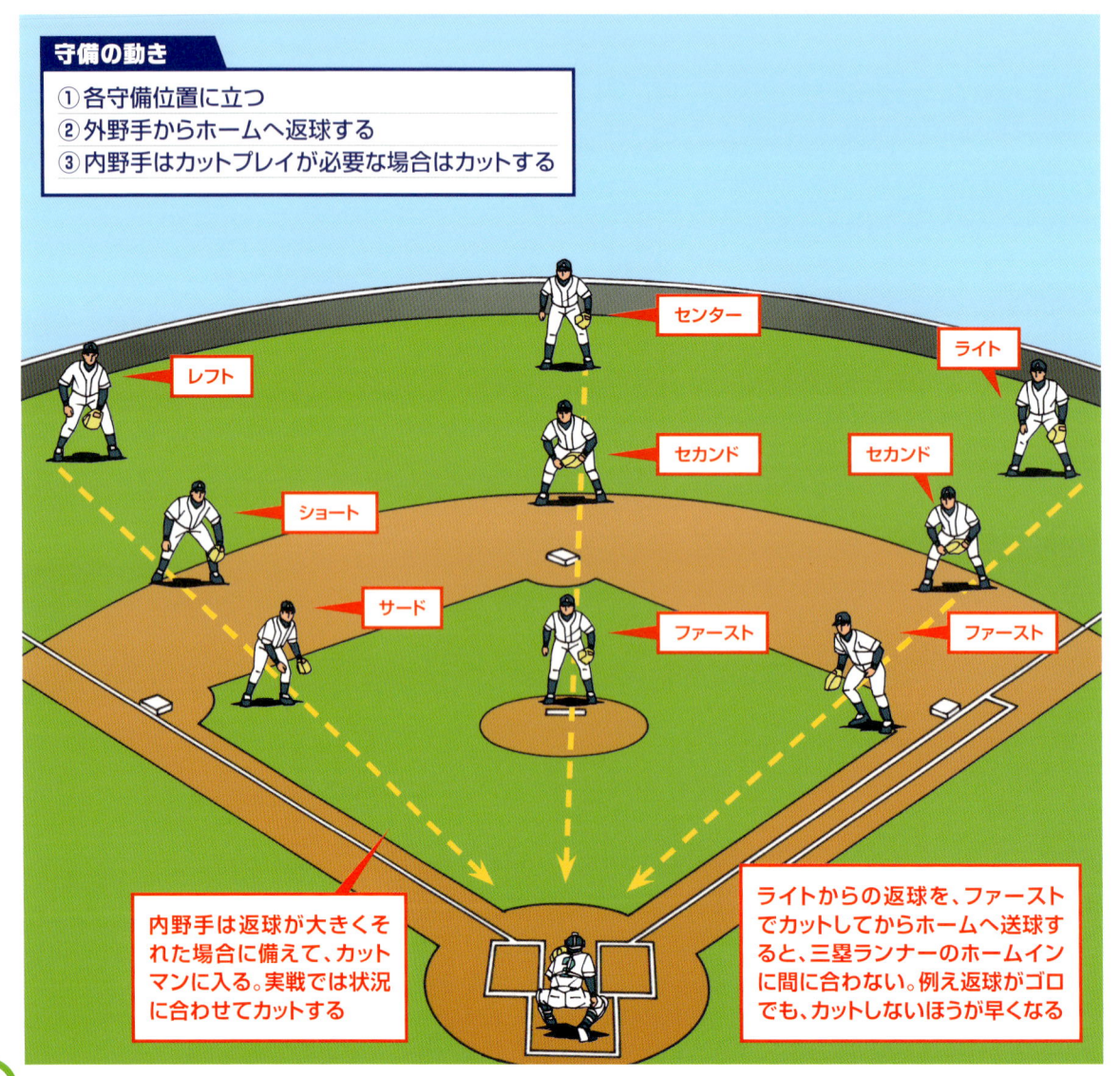

守備の動き
① 各守備位置に立つ
② 外野手からホームへ返球する
③ 内野手はカットプレイが必要な場合はカットする

- センター
- ライト
- レフト
- セカンド
- セカンド
- ショート
- サード
- ファースト
- ファースト

内野手は返球が大きくそれた場合に備えて、カットマンに入る。実戦では状況に合わせてカットする

ライトからの返球を、ファーストでカットしてからホームへ送球すると、三塁ランナーのホームインに間に合わない。例え返球がゴロでも、カットしないほうが早くなる

menu 170 ランナーなし 左中間への長打

BASEBALL Lesson Menu 210

✓ ねらい
ランナーなしで、左中間への長打に対するフォーメーションです。バッターランナーの二塁、もしくは三塁への進塁を防ぎます。（本ページは三塁への進塁阻止）

守備の動き
- **ピッチャー**／三塁と本塁の中間点へ走り、続いて返球先の塁をバックアップ
- **キャッチャー**／本塁を守る
- **ファースト**／二塁のベースカバー
- **サード**／三塁ベースの左側に立ち、ベースカバー
- **レフト**／打球を追いかける
- **センター**／レフトのバックアップ
- **ライト**／セカンドあたりで守備につく

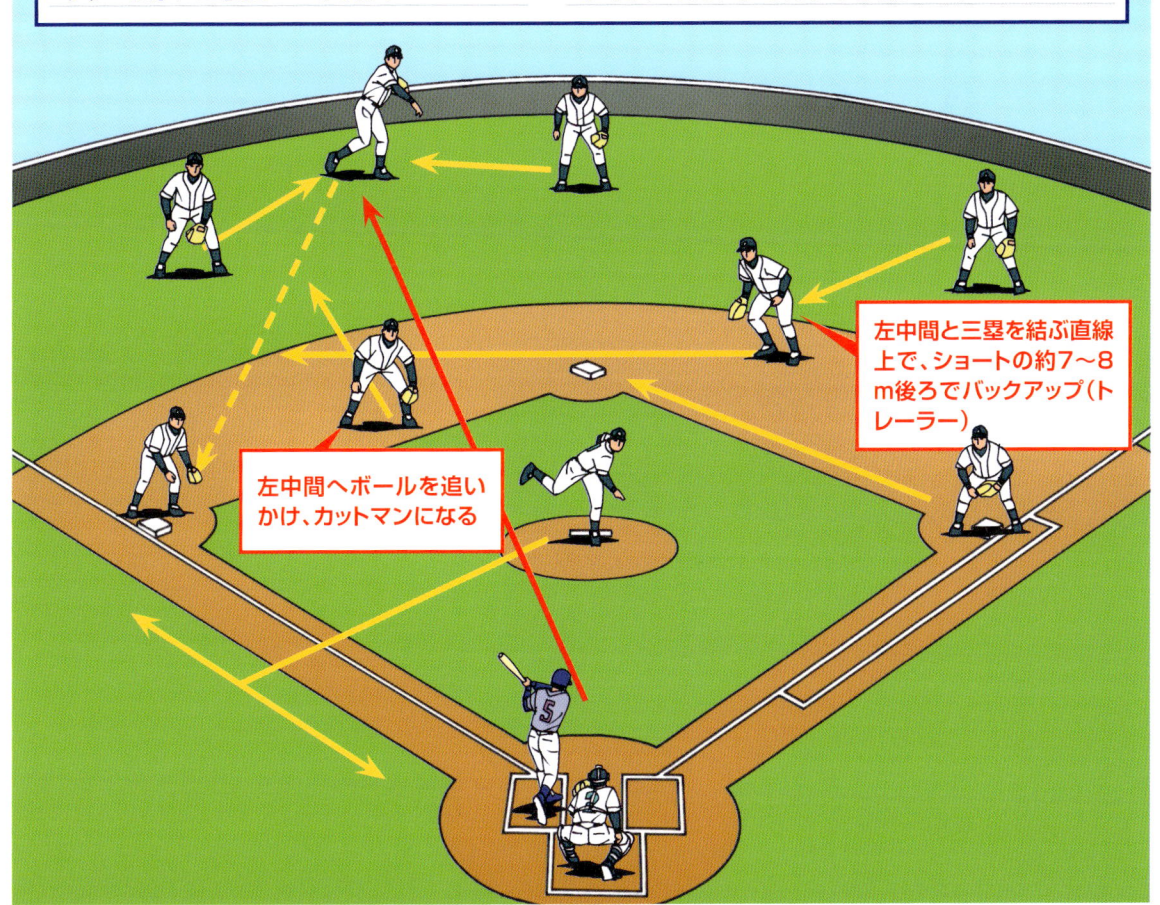

左中間と三塁を結ぶ直線上で、ショートの約7〜8m後ろでバックアップ（トレーラー）

左中間へボールを追いかけ、カットマンになる

01 送球・捕球
02 打撃
03 走塁
04 投手
05 捕手
06 守備
07 フォーメーション
08 ウォーミングアップ

183

menu 171 ランナーなし レフト線への長打

BASEBALL Lesson Menu 210

ねらい ランナーなしで、レフト線への長打に対するフォーメーションです。バッターランナーの三塁への進塁を防ぎます。

守備の動き

- ピッチャー／サードのバックアップ
- キャッチャー／本塁を守る
- ファースト／二塁のベースカバー
- サード／三塁のベースカバー
- ショート／打球を追いかける
- レフト／打球を追いかける
- センター／レフトのバックアップ
- ライト／セカンドのバックアップ

ショートの後ろについてトレーラーになり、指示出しをする

menu 172 ランナー一塁 左中間への長打

BASEBALL Lesson Menu 210

ねらい ランナーが一塁の場面で、左中間への長打に対するフォーメーションです。一塁ランナーの三塁や本塁への進塁を防ぎます。（本ページは三塁への進塁阻止）

守備の動き

- **キャッチャー**／本塁を守る
- **セカンド**／左中間と三塁を結ぶ直線上でショートの約7〜8m後ろでバックアップ
- **サード**／三塁ベースの左側に立ってベースカバー
- **ショート**／左中間へ行き、カットマンになる
- **レフト**／打球を追いかける
- **センター**／レフトのバックアップ
- **ライト**／セカンド方向へ行く

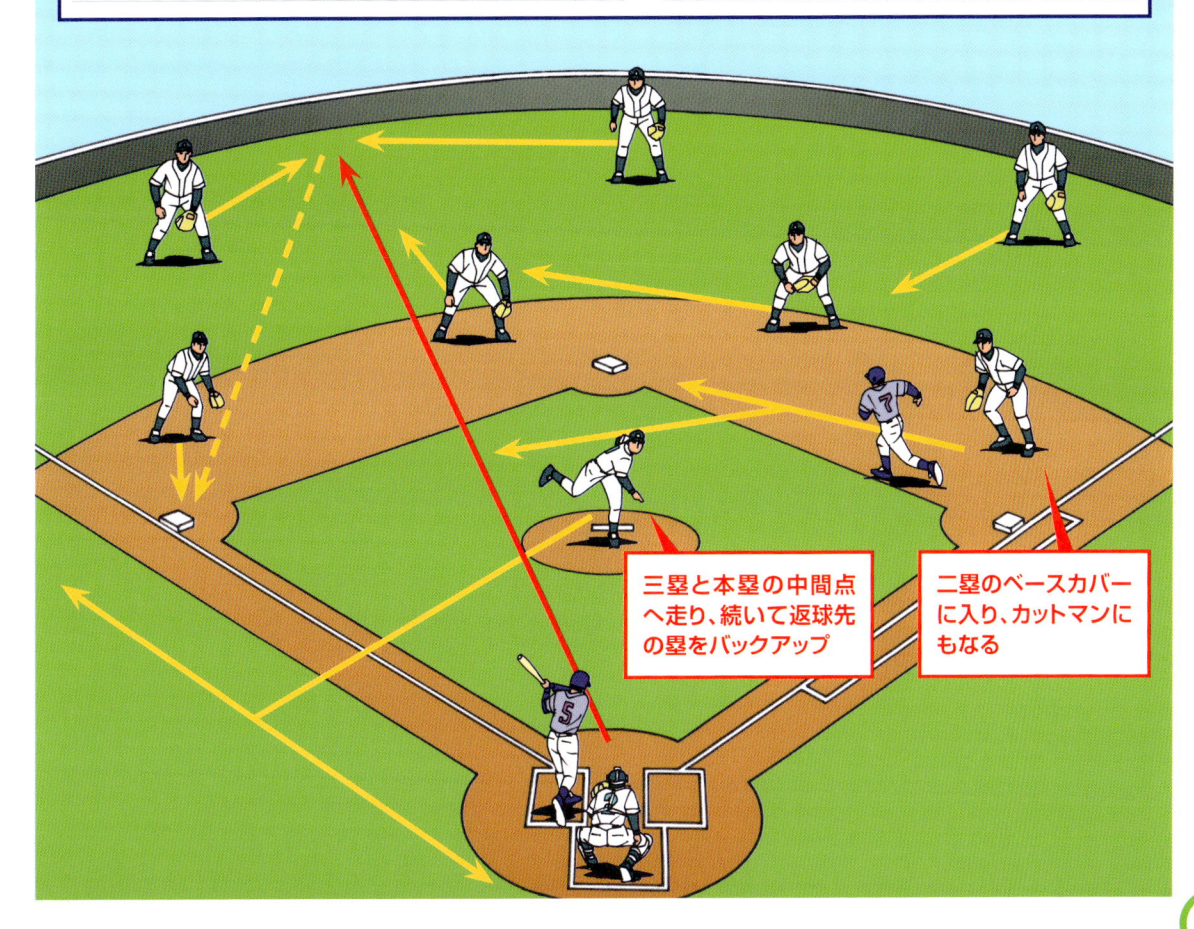

三塁と本塁の中間点へ走り、続いて返球先の塁をバックアップ

二塁のベースカバーに入り、カットマンにもなる

menu 173 ランナー二塁 レフト前ヒット

BASEBALL Lesson Menu 210

☑ ねらい ランナーが二塁の場面で、三遊間ゴロのヒットに対するフォーメーションです。二塁ランナーの本塁への進塁を防ぎます。

守備の動き

- **ピッチャー**／本塁のバックアップ
- **キャッチャー**／本塁を守る
- **ファースト**／一塁のベースカバー
- **セカンド**／二塁のベースカバー
- **サード**／カットマンに入る
- **レフト**／捕球して本塁に送球
- **センター**／レフトのバックアップ
- **ライト**／セカンド方向へ行く

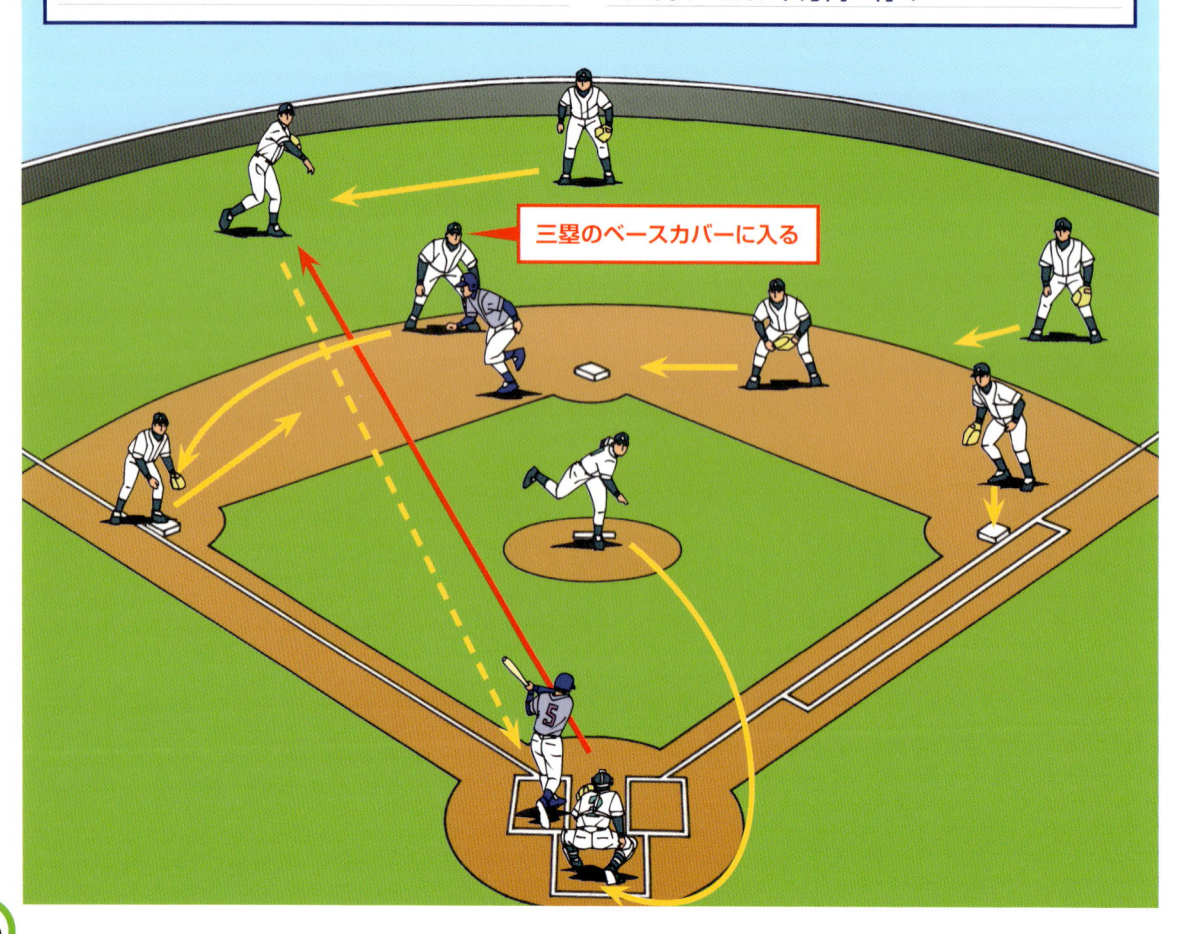

三塁のベースカバーに入る

menu 174 ランナー一、三塁 レフトフライ

BASEBALL Lesson Menu 210

ねらい ランナーが一、三塁の場面で、レフトへのフライに対するフォーメーションです。タッチアップを狙ってくるので、三塁ランナーの本塁への進塁を防ぎます。

守備の動き

- ピッチャー／本塁のバックアップ
- キャッチャー／本塁を守ると同時に、タッチプレイに備える
- ファースト／一塁のベースカバー
- セカンド／二塁のベースカバー
- レフト／打球を追いかけ、本塁に送球
- センター／レフトのバックアップ
- ライト／二塁のバックアップ。右中間二塁後方に動く

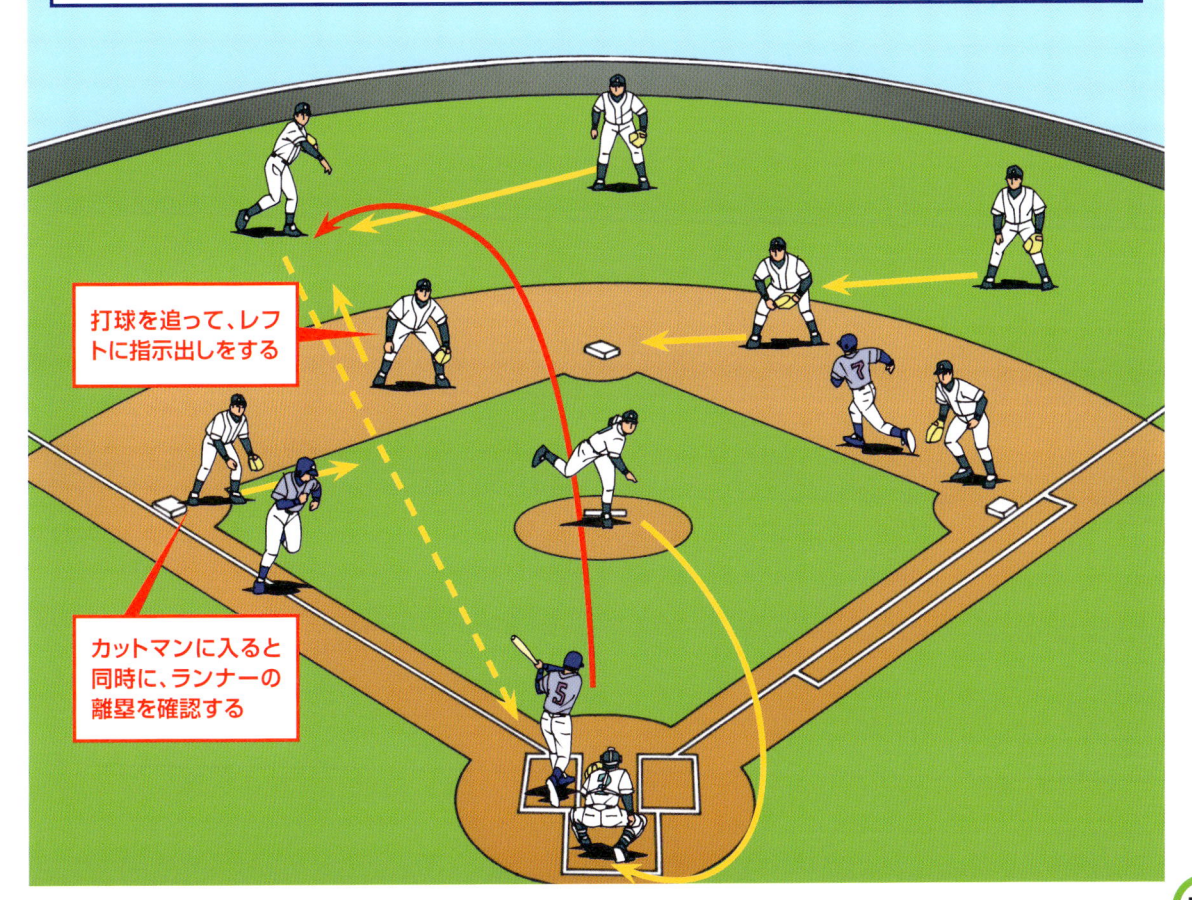

打球を追って、レフトに指示出しをする

カットマンに入ると同時に、ランナーの離塁を確認する

menu 175 ランナー一、二塁 レフトへの深いフライ

BASEBALL Lesson Menu 210

☑ ねらい ランナーが一、二塁の場面で、タッチアップ可能な深いフライに対するフォーメーションです。一、二塁のランナーのタップアップによる進塁を防ぎます。

守備の動き

- ピッチャー／三塁のバックアップ
- キャッチャー／本塁を守る
- ファースト／一塁のベースカバー
- セカンド／二塁のベースカバー
- サード／三塁のベースカバー、ショートへの指示出し
- レフト／打球を追いかける
- センター／レフトのバックアップ
- ライト／二塁方向へ動く

レフトと三塁ベースの直線上へカットマンに入る

menu 176 ランナー三塁 定位置のレフトフライ

BASEBALL Lesson Menu 210

ねらい ランナーが三塁の場面で、レフトへのフライに対するフォーメーションです。ランナー二、三塁、もしくは満塁時も同じ守備になります。

守備の動き

- ピッチャー／本塁のバックアップ
- ファースト／一塁のベースカバー
- セカンド／二塁のベースカバー
- ショート／レフトと本塁ベースの直線上に入りカットマン。悪送球の時はサードに任せて三塁のベースカバーに入る
- レフト／打球を追いかける
- センター／レフトのバックアップ
- ライト／二塁のバックアップ

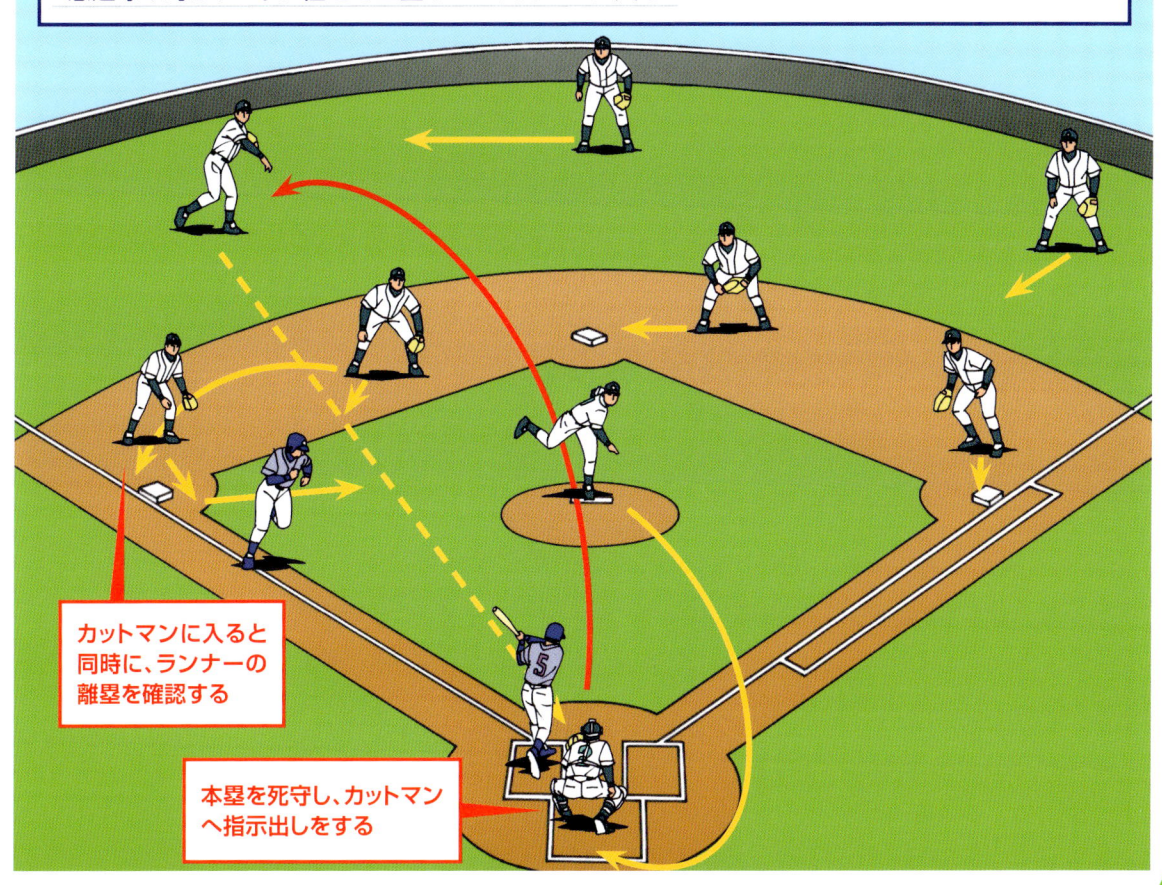

カットマンに入ると同時に、ランナーの離塁を確認する

本塁を死守し、カットマンへ指示出しをする

01 送球・捕球
02 打撃
03 走塁
04 投手
05 捕手
06 守備
07 フォーメーション
08 ウォーミングアップ

menu 177 ランナー二塁 センター前ヒット

BASEBALL Lesson Menu 210

ねらい ランナー二塁の場面で、センター前へのヒットに対するフォーメーションです。二塁ランナーの本塁への進塁を防ぎます。

守備の動き

- **ピッチャー**／本塁のバックアップ
- **キャッチャー**／本塁を守る
- **サード**／三塁のベースカバー
- **ショート**／打球を追いかけ、カットマンへの指示出し
- **レフト**／センターのバックアップ
- **センター**／捕球して送球する
- **ライト**／センターのバックアップ

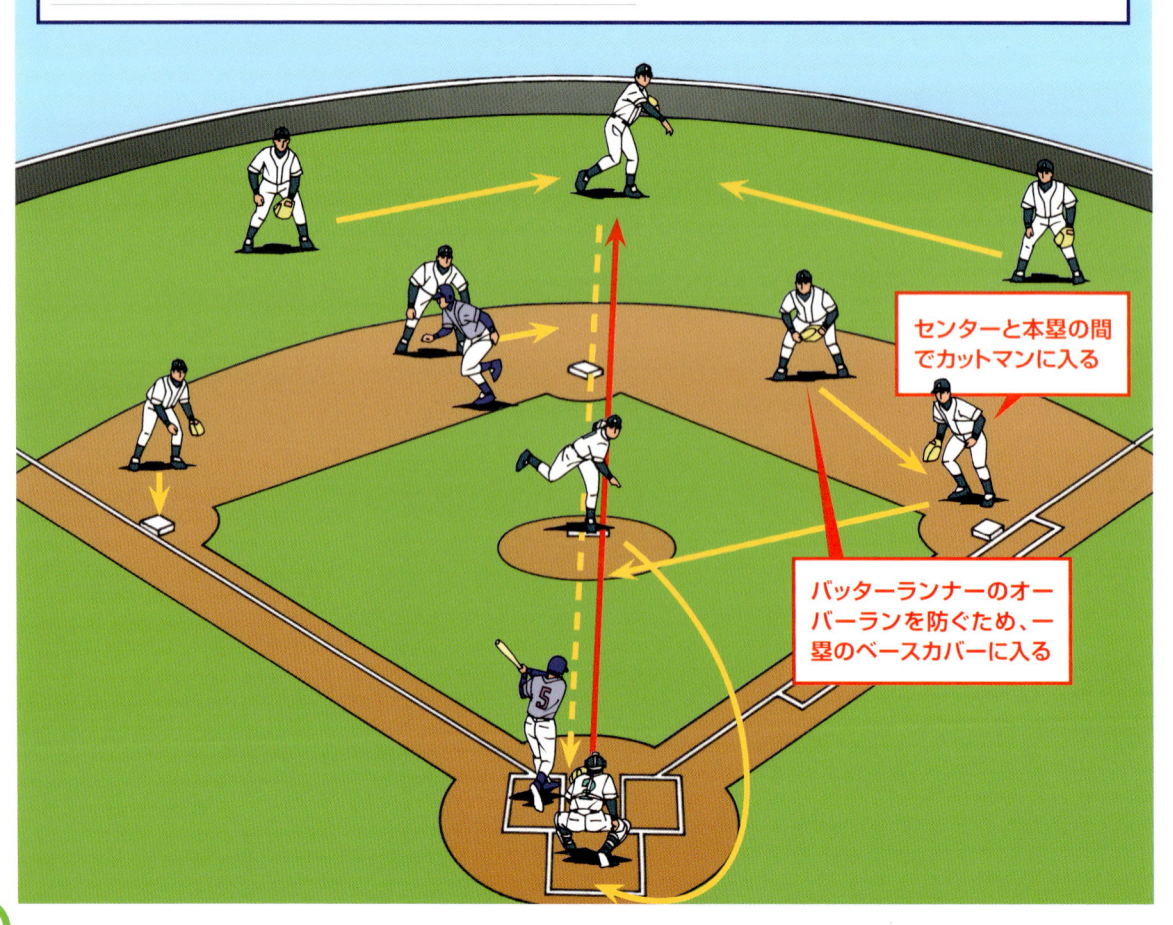

センターと本塁の間でカットマンに入る

バッターランナーのオーバーランを防ぐため、一塁のベースカバーに入る

menu 178 ランナー三塁 センターフライ

BASEBALL Lesson Menu 210

☑ ねらい ランナー三塁の場面で、センターフライに対するフォーメーションです。三塁ランナーのタッチアップによる本塁進塁かヒットの際のバッターランナーの二塁進塁を防ぎます。

守備の動き

- **ピッチャー**／本塁のバックアップ
- **キャッチャー**／本塁を守る。カットマンへの指示出し
- **セカンド**／打球方向に行き、センターへ返球の指示出し
- **レフト**／センターのバックアップ
- **センター**／捕球して送球する
- **ライト**／センターのバックアップ

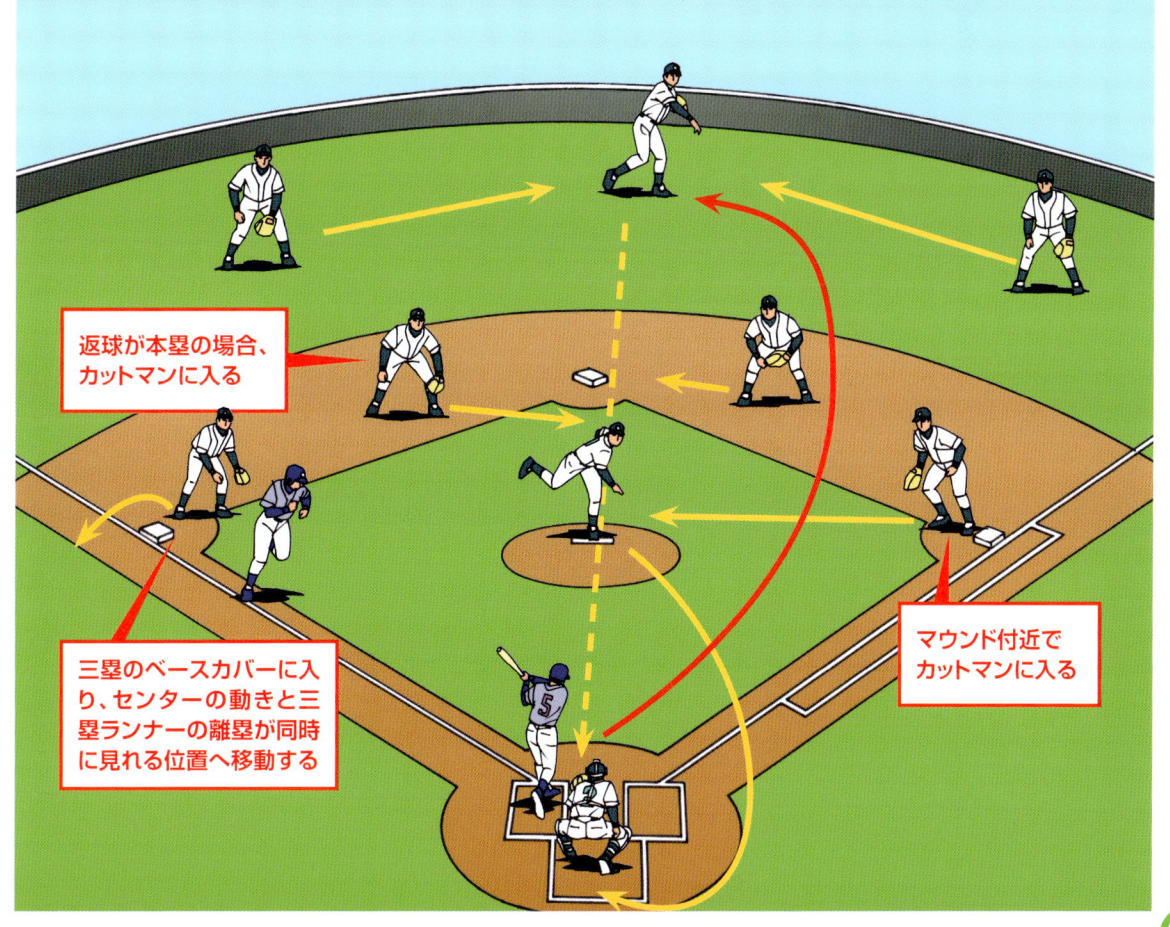

返球が本塁の場合、カットマンに入る

三塁のベースカバーに入り、センターの動きと三塁ランナーの離塁が同時に見れる位置へ移動する

マウンド付近でカットマンに入る

01 送球・捕球
02 打撃
03 走塁
04 投手
05 捕手
06 守備
07 フォーメーション
08 ウォーミングアップ

menu 179 ランナー一、二塁 センター前ヒット

BASEBALL Lesson Menu 210

☑ ねらい ランナーが一、二塁の場面で、センター前のヒットに対するフォーメーションです。各ランナーの進塁を防ぎます。

守備の動き

- **ピッチャー**／本塁のバックアップ
- **キャッチャー**／本塁を守る
- **セカンド**／二塁のベースカバー
- **サード**／三塁のベースカバー
- **ショート**／打球を追い、送球の指示出しをする
- **レフト**／センターのバックアップ
- **センター**／捕球して送球する
- **ライト**／センターのバックアップ

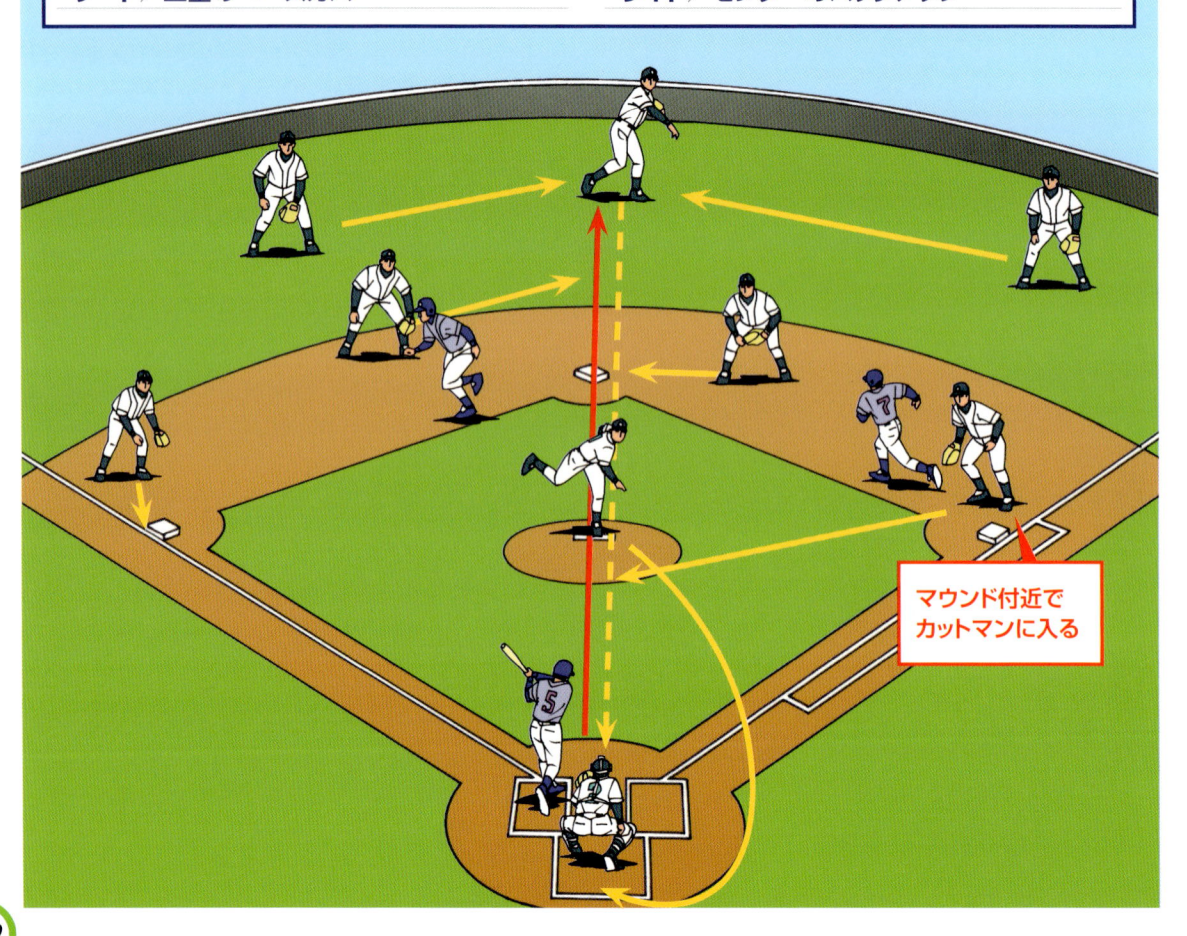

マウンド付近でカットマンに入る

menu 180 ランナー二、三塁 センターフライ

BASEBALL Lesson Menu 210

✓ ねらい
ランナーが二、三塁の場面で、センターフライを打たれた時のフォーメーションです。満塁時も同じ守備になります。

守備の動き

- **ピッチャー**／本塁のバックアップ
- **キャッチャー**／本塁を守る。ファーストへの指示出し
- **セカンド**／二塁のベースカバー、二塁ランナーのタッチアップを確認
- **サード**／三塁ベースカバーに入り、センターの動きと三塁ランナーのタッチアップを同時に見て確認
- **レフト**／センターのバックアップ
- **センター**／捕球して送球する
- **ライト**／センターのバックアップ

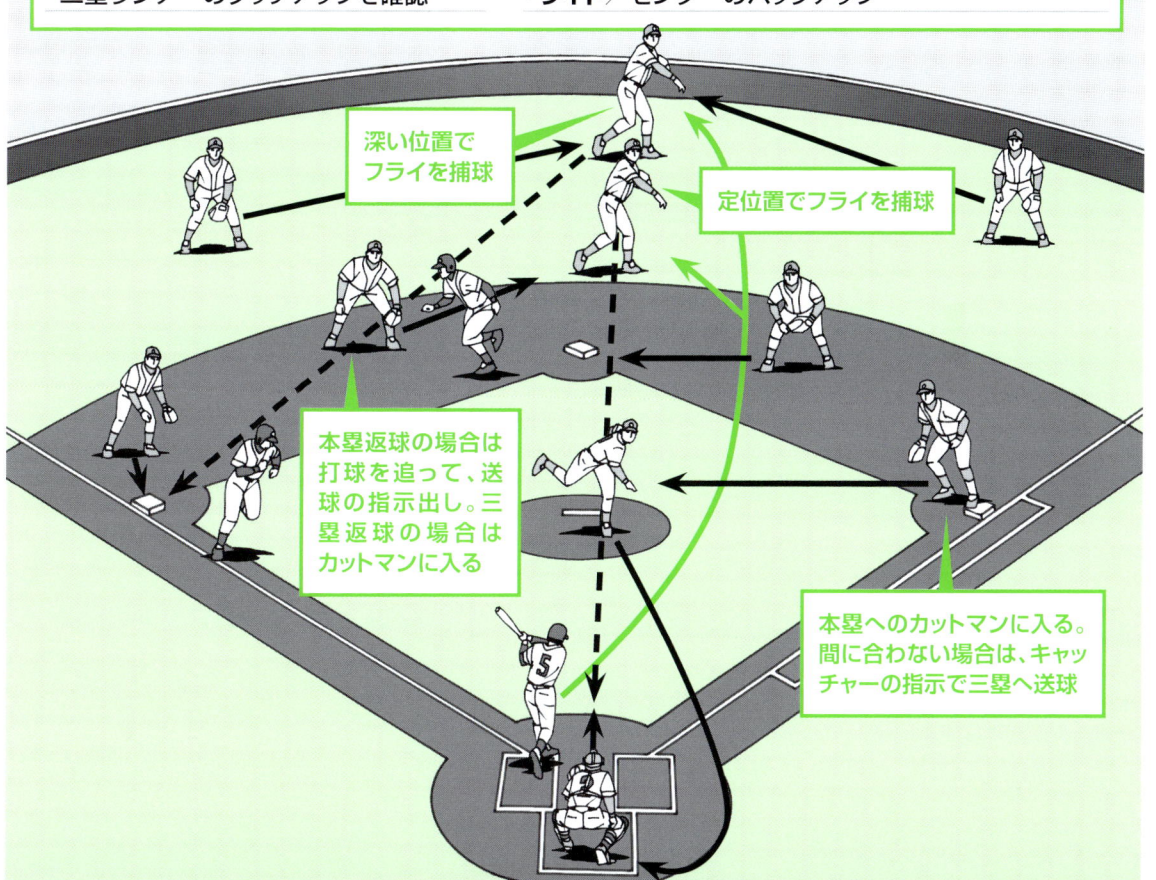

深い位置でフライを捕球

定位置でフライを捕球

本塁返球の場合は打球を追って、送球の指示出し。三塁返球の場合はカットマンに入る

本塁へのカットマンに入る。間に合わない場合は、キャッチャーの指示で三塁へ送球

01 送球・捕球
02 打撃
03 走塁
04 投手
05 捕手
06 守備
07 フォーメーション
08 ウォーミングアップ

193

menu 181　BASEBALL Lesson Menu 210
ランナーなし 右中間への長打

✓ ねらい　ランナーなしの場面で、右中間への長打に対するフォーメーションです。ショートはトレーラーの役目になります。バッターランナーの進塁を防ぎます。

守備の動き

- **ピッチャー**／三塁のバックアップ
- **キャッチャー**／本塁を守る
- **ファースト**／バッターランナーのベースタッチ確認後、二塁に走りベースカバー
- **セカンド**／ライトと三塁を結ぶ直線上でカットマンに入る
- **サード**／三塁のベースカバー
- **レフト**／三塁のバックアップ
- **センター**／ライトより早く追いついたら処理。遅れたら送球先の指示
- **ライト**／センターより早く追いついたら処理。遅れたら送球先の指示

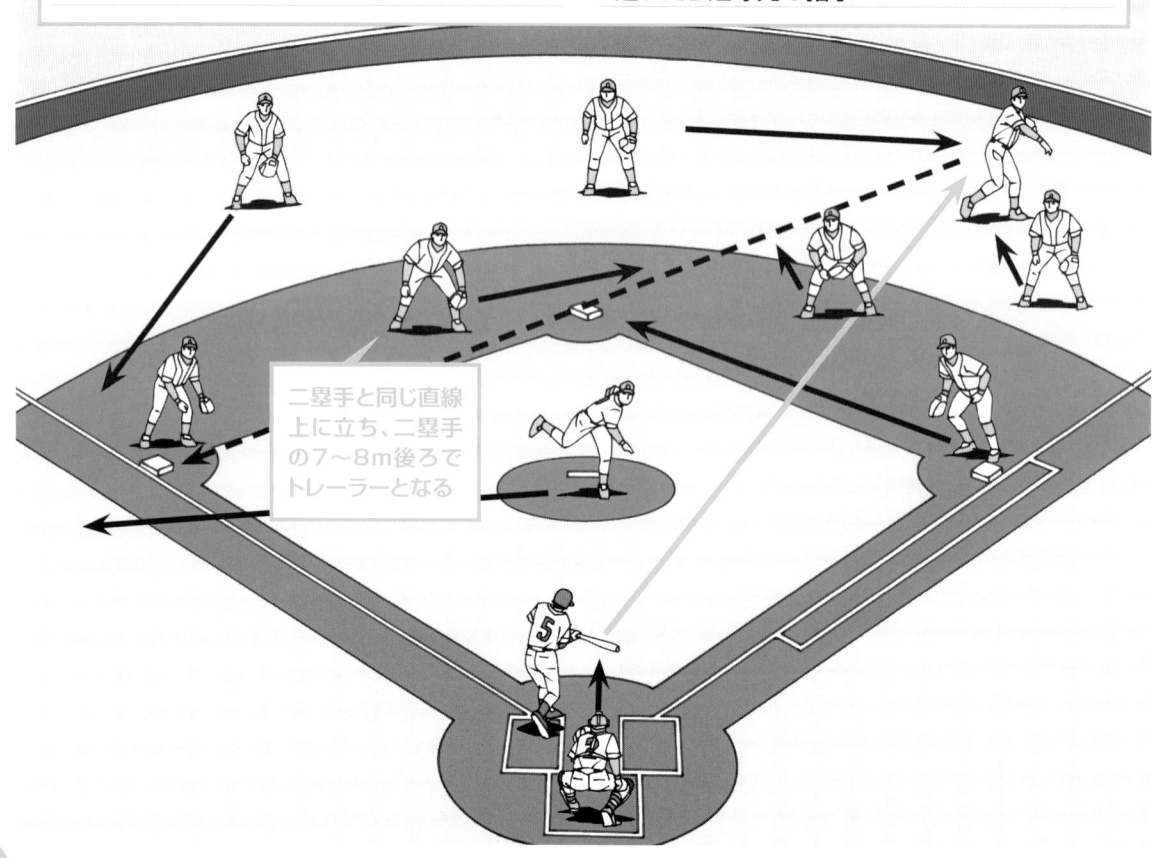

二塁手と同じ直線上に立ち、二塁手の7～8m後ろでトレーラーとなる

menu 182 ランナー一、二塁 ライト前ヒット

BASEBALL Lesson Menu 210

✓ ねらい ランナー一、二塁で、ライト前ヒットに対するフォーメーションです。ライトは本塁が間に合わないときは、サードに送球します。満塁時も同じ守備です。

守備の動き

- **ピッチャー**／本塁、もしくは三塁のバックアップ
- **キャッチャー**／本塁を守る。カットマンへの指示出し
- **ファースト**／ライトと本塁を結ぶ直線上に入り、カットマンに入る
- **セカンド**／一塁のベースカバー
- **サード**／三塁のベースカバー
- **レフト**／ファーストからサードへ、キャッチャーからサードへの送球のバックアップ
- **センター**／ライトのバックアップと送球先の指示
- **ライト**／捕球して送球する

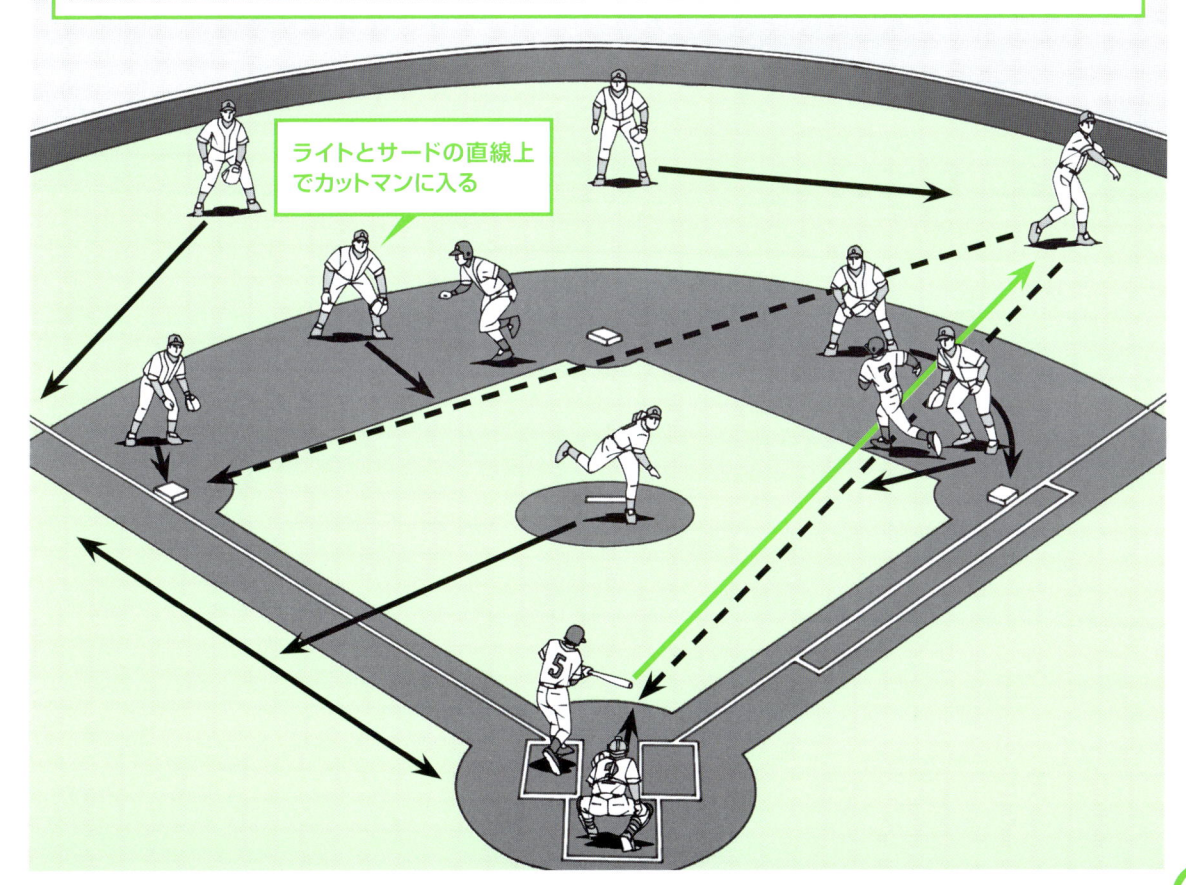

ライトとサードの直線上でカットマンに入る

menu 183 ランナー一塁 右中間への長打

BASEBALL Lesson Menu 210

ねらい ランナーが一塁の場面で、右中間への長打に対するフォーメーションです。一塁ランナーの本塁への進塁を防ぎます。

守備の動き

- ピッチャー／三本塁間のハーフウェイを走り、返球がどちらへ行くかを確かめ、返球の行き先の塁をバックアップ
- キャッチャー／本塁を守る
- ファースト／バッターランナーの確認後、プレイに応じて動く
- サード／三塁のベースカバー
- レフト／三塁後方でバックアップ
- センター／打球を追いかける
- ライト／打球を追いかける

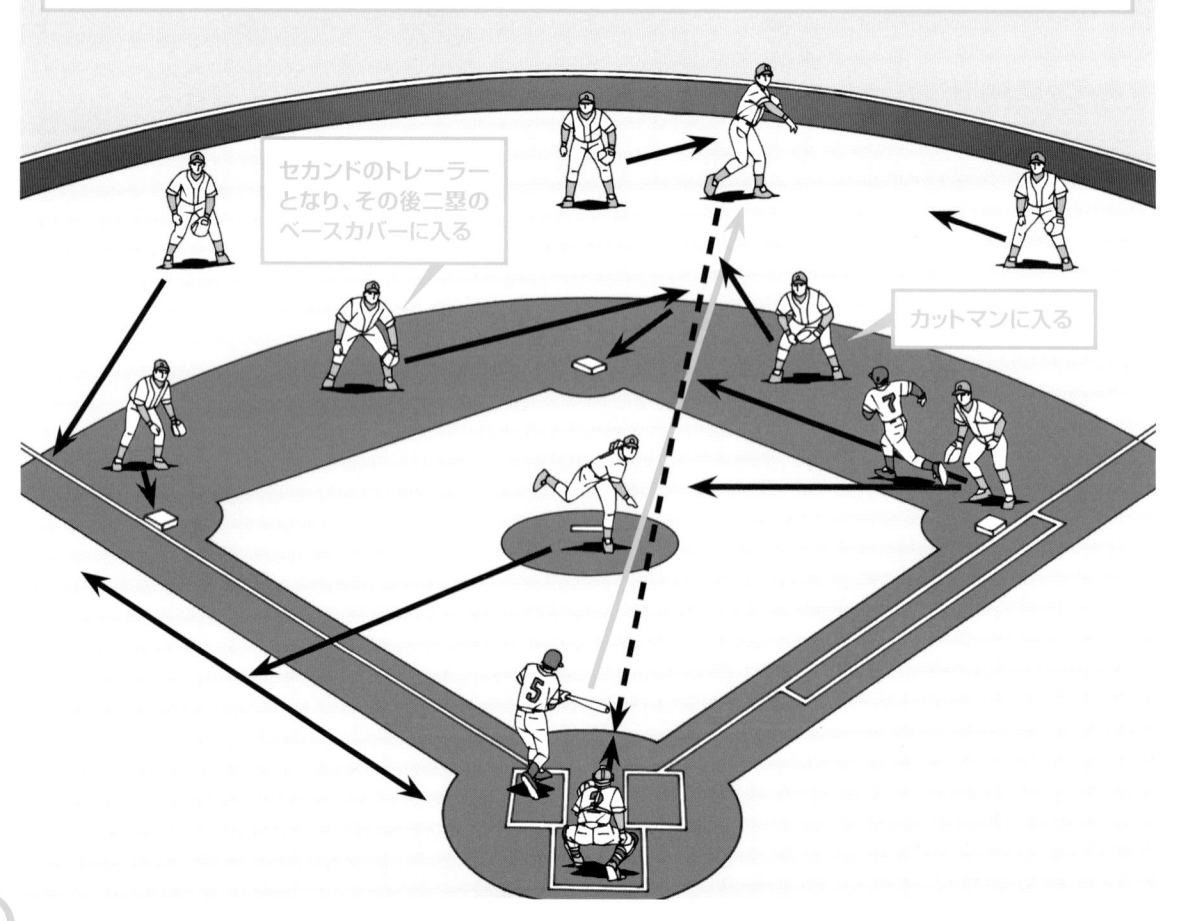

セカンドのトレーラーとなり、その後二塁のベースカバーに入る

カットマンに入る

menu 184 ランナー一塁 ライト前ヒット

BASEBALL Lesson Menu 210

ねらい ランナーが一塁の場面で、ライト前へのヒットに対するフォーメーションです。一塁ランナーの三塁への進塁を防ぎます。

守備の動き

- ピッチャー／三塁のバックアップ
- キャッチャー／本塁を守る
- ファースト／一塁のベースカバー
- セカンド／二塁のベースカバー。一塁ランナーのベースタッチを確認
- サード／三塁のベースカバー
- ショート／ライトと三塁を結ぶ直線上に入りカットマン
- レフト／三塁のバックアップ
- センター／ライトのバックアップ
- ライト／捕球して送球する

menu 185 ランナーなし ライト線への長打

BASEBALL Lesson Menu 210

✓ ねらい ランナーなしの場面で、ライト線への長打に対するフォーメーションです。バッターランナーの三塁への進塁を防ぎます。

守備の動き

- **ピッチャー**／三塁のバックアップ
- **キャッチャー**／本塁を守る
- **ファースト**／バッターランナーのベースタッチを確認してから二塁へ
- **サード**／三塁のベースカバー
- **レフト**／三塁後方に回る
- **センター**／ライトのバックアップ
- **ライト**／捕球して送球する

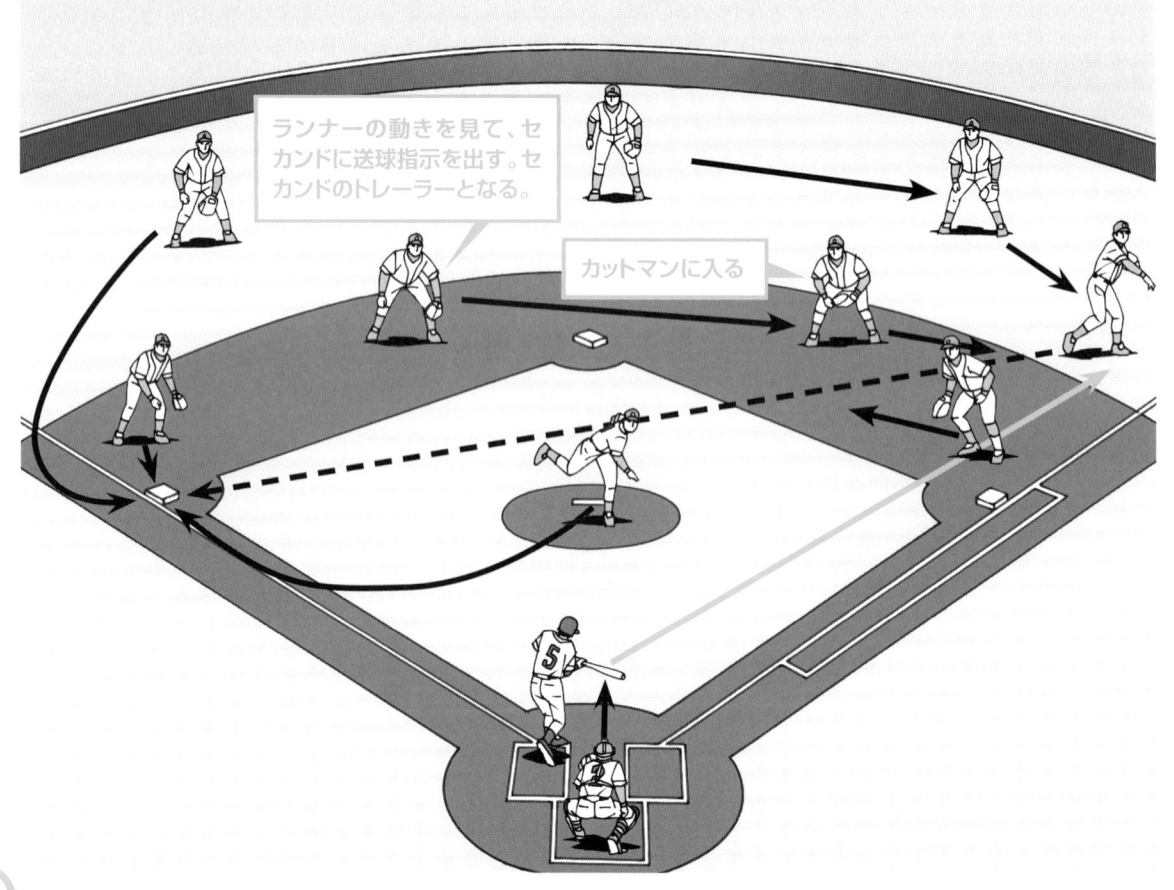

ランナーの動きを見て、セカンドに送球指示を出す。セカンドのトレーラーとなる。

カットマンに入る

menu 186 ランナー一塁 ライト線への長打

BASEBALL Lesson Menu 210

> **ねらい** ランナー一塁の場面で、ライト線への長打に対するフォーメーションです。セカンドは一塁ランナーの本塁進塁を阻止するため、カットマンになります。

守備の動き

- **ピッチャー**／三本塁間のハーフウェイへ行き、返球先に応じて動く
- **キャッチャー**／本塁を守る
- **ファースト**／セカンドの後を追い、約7〜8m後ろに位置してトレーラーとなる
- **サード**／三塁のベースカバー
- **ショート**／二塁のベースカバー
- **レフト**／三塁のバックアップ
- **センター**／ライトのバックアップ
- **ライト**／捕球して送球する

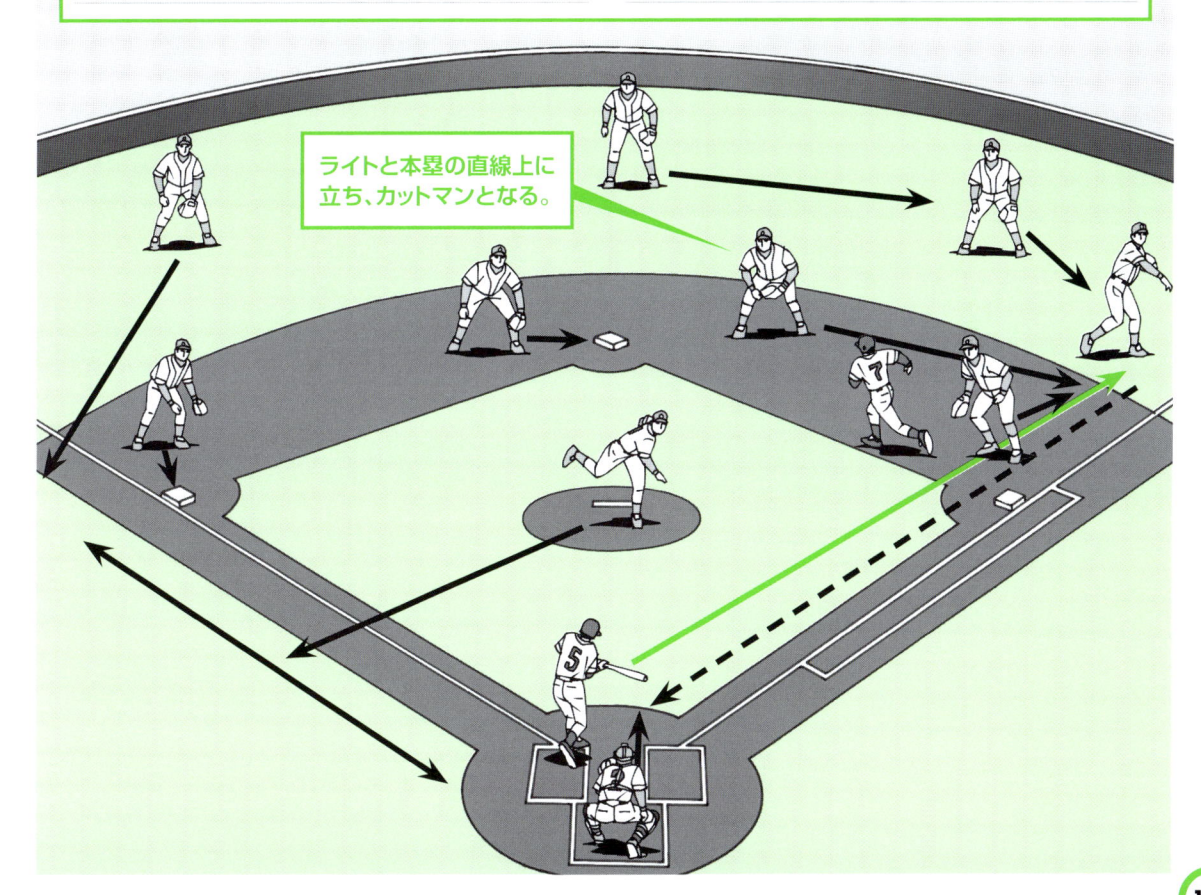

ライトと本塁の直線上に立ち、カットマンとなる。

menu 187 ランナー二塁 深いライトフライ

BASEBALL Lesson Menu 210

ねらい ランナーが二塁の場面で、ライト前へのフライに対するフォーメーションです。二塁ランナーの三塁への進塁を防ぎます。ランナー一、二塁も同じ守備です。

守備の動き

- **ピッチャー**／三塁のバックアップ
- **キャッチャー**／本塁を守る
- **ファースト**／一塁のベースカバー
- **サード**／三塁のベースカバー
- **レフト**／三塁方向へ動く
- **センター**／ライトのバックアップ
- **ライト**／捕球して送球する

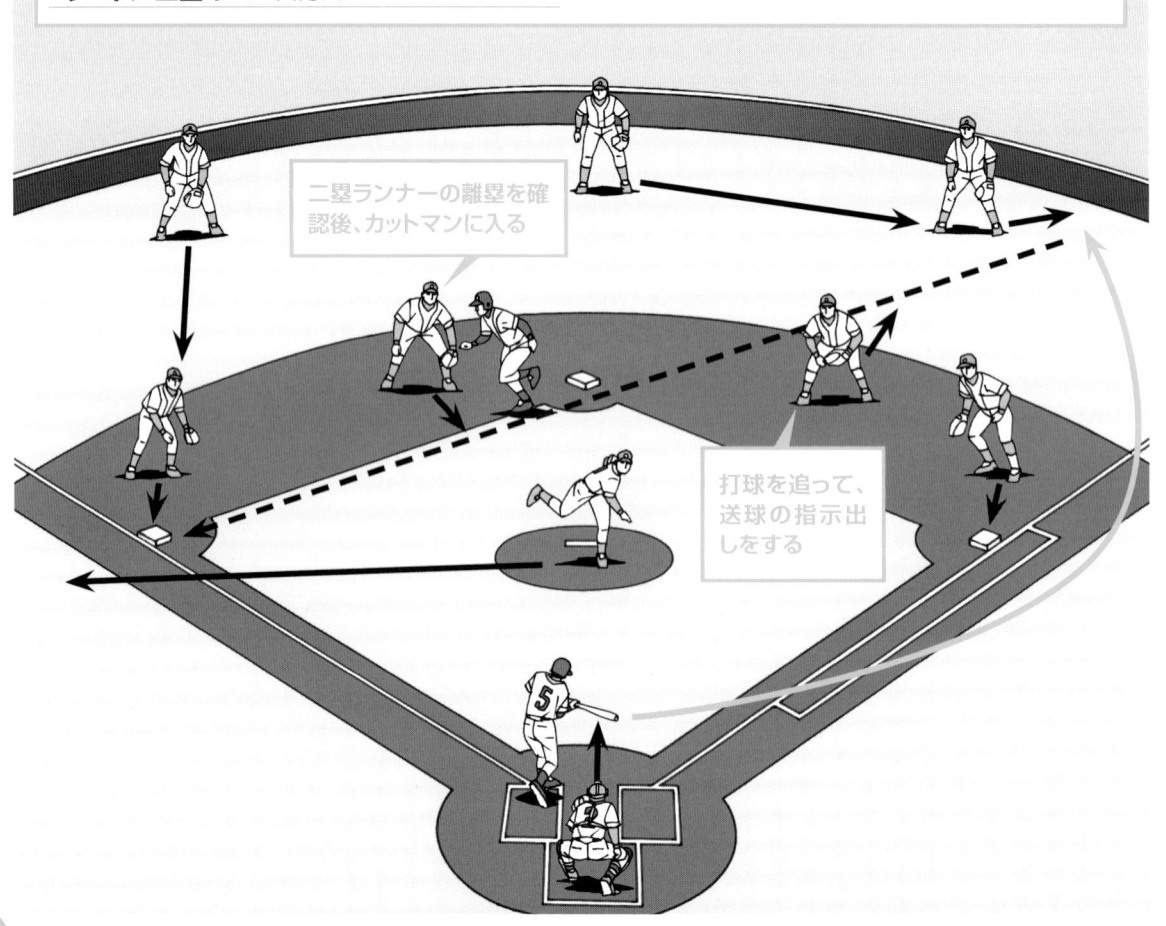

二塁ランナーの離塁を確認後、カットマンに入る

打球を追って、送球の指示出しをする

menu 188

BASEBALL Lesson Menu 210

ランナー二、三塁 ライトフライ

✔ ねらい ランナーが二、三塁の場面で、ライトへのフライに対するフォーメーションです。三塁ランナーの本塁への進塁を防ぎます。満塁時も同じ守備です。

守備の動き

- **キャッチャー**／本塁を守る。カットマンへの指示出し
- **ファースト**／ライトと本塁を結ぶ直線上でカットマン
- **サード**／三塁のベースカバー
- **ショート**／二塁のベースカバー
- **センター**／ライトのバックアップ
- **ライト**／捕球して送球する

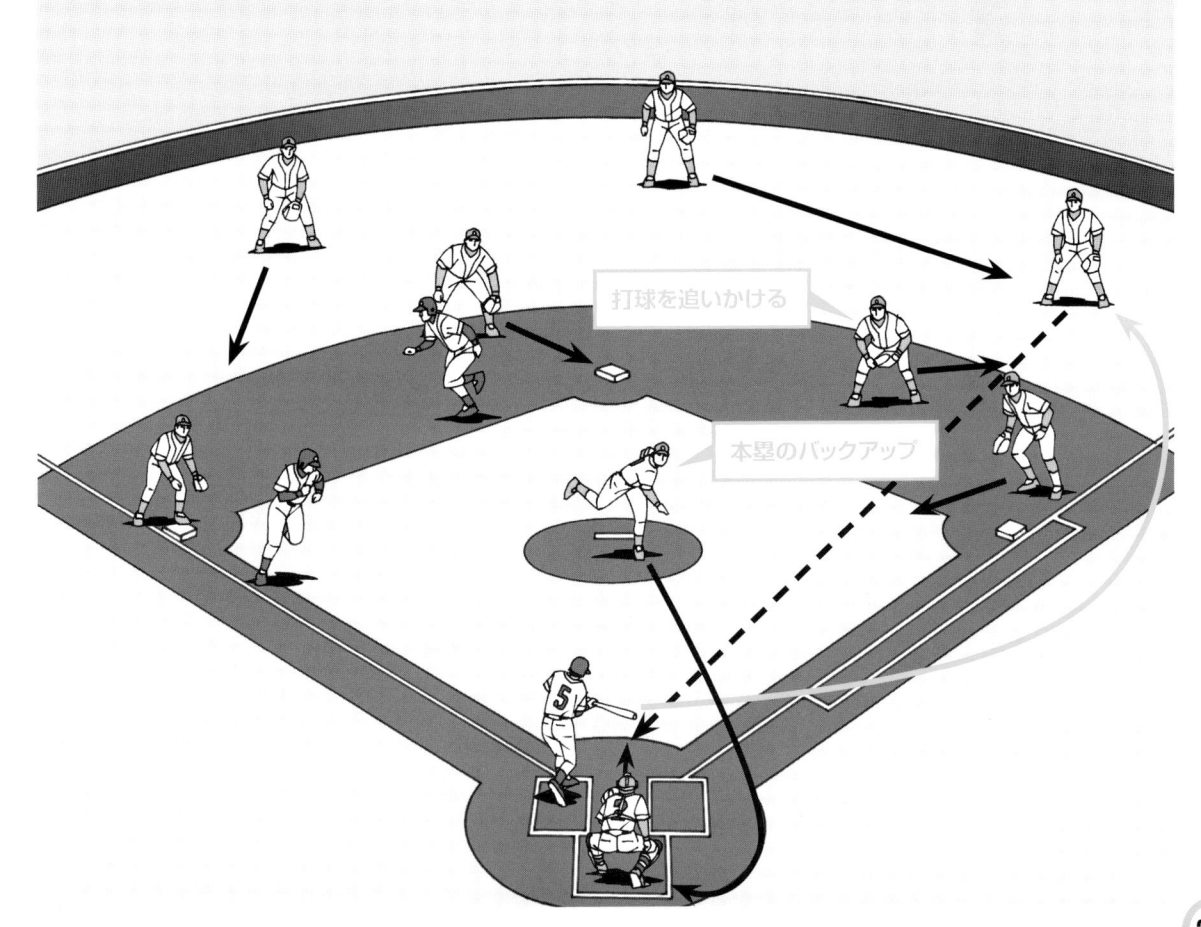

打球を追いかける

本塁のバックアップ

時代と共に変わる野球④ 設備

Hot Topics about Baseball

楽しめる観戦スタイルを新提案！

球場設備も昔に比べて随分変わってきています。
人工芝、観客席に、その進化の様子を垣間見てみましょう。

東京ドームの新人工芝はクッション性に優れ、ダイナミックなプレイが期待できる！

2014年、東京ドームで使用している人工芝が、全面的にリニューアルされることになりました。それまで敷かれていたのは「フィールドターフ改良型」という人工芝。経年劣化もあり、進化版の「フィールドターフHD」に張り替えられたのです。

海外では使用例がありますが、国内では東京ドームが初採用。天然芝に近いクッション性、衝撃吸収性があり、選手の身体への負担が軽減されるといいます。素材の耐久性も優れるため、良質な状態を長期に渡って保てるとのこと。

海外を含めても、これだけ大規模のスタジアムで採用されるのは初めてだそうです。怪我しにくいため、選手によるダイナミックなプレイを見る機会も増えるかもしれません。

マツダスタジアムにはこんなユニーク観客席が！

広島東洋カープの本拠地であるマツダスタジアムには、通常の観客席のほかに、ユニークな観戦スタイルを提案する新しい試みが採用されています。

その一つが、「寝ソベリア」。特性クッションが敷かれていて、その名のとおり寝そべりながら観戦してもOK。野球を見ながらくつろぐことができます。

二つ目は、「鯉桟敷（こいさじき）」。畳の座席で掘りごたつ式になっており、足を伸ばしたり、あぐらをかいたりすることができます。席の後ろには間仕切りがあるので、家族やグループで利用すれば、気兼ねなく盛り上がれること間違いなし。2階席の下にあり、雨の日も濡れるのを気にせず観戦できるのも好評とのことです。

三つ目は、何とバーベキューができるという「びっくりテラス」。「野球観戦しながらバーベキューがしたい」という欲張りな夢がついに実現。ライトポール際の内野と外野の間の一角で、3段の広々としたテラススペースに、ピクニックテーブルがずらりと並んでいます。

サッカーなどの他競技に注目を奪われそうにもなりがちですが、野球が根強い人気を誇る理由は、このようなファンを魅了する試行錯誤があっての成果だといえるでしょう。

第8章
ウォーミングアップ

練習や試合前に身体をほぐし、ケガを防ぎ、疲れをとるための運動です。日頃から、ウォーミングアップで十分に動かすことで、いつでも動ける身体ができあがります。

08

menu 189 首のストレッチ

BASEBALL Lesson Menu 210

ウォーミングアップ
時間　各10秒

ねらい
首から肩にかけてのストレッチです。手を使って負荷を増やし、ゆっくりほぐしていきます。

練習方法
1. 一方の手を頭に乗せる
2. もう一方の手は、手の甲を腰の後ろあたりにそえる
3. 頭をゆっくりと倒して、首の側面が伸びているを確認する
4. 反対側も同様に行う

前かがみにならないように、顔を上げて行う

徐々に手の力を加えて首を倒す

---

menu 190 肩回し

BASEBALL Lesson Menu 210

ウォーミングアップ
回数　各10回×2セット

ねらい
両肩の内旋、外旋をして柔軟性を高めます。肩を大きく回します。

練習方法
1. 両ヒジを折り曲げて、手を両肩におく
2. 両ヒジを前方に回す
3. 次に、両ヒジを後方に回す
4. 徐々に大きく回していく

1 両手を肩に乗せる

2 最初は肩の回りを確認しながら行う

3 徐々にヒジの中心を大きく回す。逆回しも行う

menu 191 腕を伸ばして肩回し

BASEBALL Lesson Menu 210

ウォーミングアップ
回数　各10回×2セット

ねらい
肩を中心に両腕を回して肩の柔軟性を高めます。指先で円を描くように回します。

練習方法
1. 両腕を地面と平行にして左右に伸ばす
2. 両腕を前方に回す
3. 次に、両腕を後方に回す

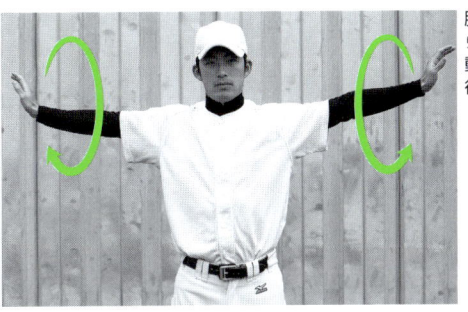

腕のつけ根から、腕全体を動かすように行う

きれいな円になるように、後ろ側へもしっかり回す

menu 192 壁を使った肩のストレッチ

BASEBALL Lesson Menu 210

ウォーミングアップ
時間　各10〜20秒

ねらい
肩の前側と大胸筋を伸ばすストレッチを行います。

練習方法
1. 壁に対して横向きに立つ
2. ヒジを直角に曲げて壁につけて、身体の前にひねる
3. 壁につけている方の肩の前側が伸びているのを確認しながらキープ
4. 反対の肩も同様に行う

伸ばすところを確認しながら壁に身体をつける

伸び具合により、体重のかけ方を調整する

01 送球・捕球
02 打撃
03 走塁
04 投手
05 捕手
06 守備
07 フォーメーション
08 ウォーミングアップ

menu 193 腕を伸ばして肩甲骨の運動

BASEBALL Lesson Menu 210

ウォーミングアップ
回数 各10回

ねらい
手の向きを変えて腕を上げ下げすることで、肩全体をほぐします。

練習方法
1. 手の平を正面に向けて、足を肩幅に開く
2. 腕をゆっくり上げて斜め上に突き出す
3. 上げた腕を下ろして、上げ下げを繰り返す
4. 次に手の甲を正面に向けて、腕の上げ下げを繰り返す

1 手の平を正面に向ける

1 手の甲を正面に向ける

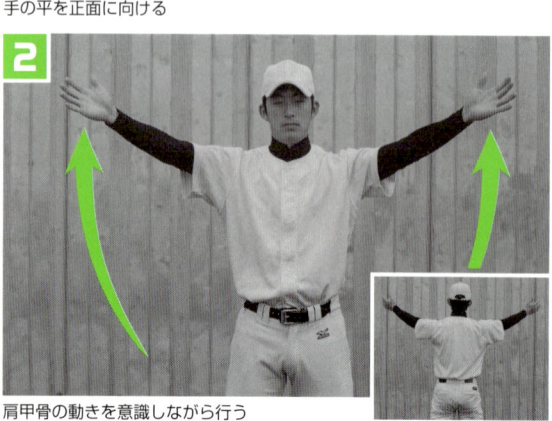

2 肩甲骨の動きを意識しながら行う

2 動きの違いが分かると効果もアップする

指導のポイント

肩甲骨を寄せる

腕の上げ下げをするときに、肩甲骨を内側に寄せるように意識させてください。指導者は後ろから見て、そうなっているかどうかを確認します。

menu 194 ヒジを曲げて肩のストレッチ

BASEBALL Lesson Menu 210

ウォーミングアップ
回数 10回×3セット

ねらい
肩の可動域を広げるストレッチです。肩の関節を意識しながら行います。胸の筋肉もほぐしてくれます。繰り返し行いましょう。

練習方法
1. 手の甲を正面に向けて立つ
2. 両腕を前に伸ばして、肩くらいの高さまで引き上げる
3. ヒジを直角に曲げて、胸の横まで引き寄せる
4. ヒジの位置を動かさず、手を顔の高さまで持ち上げる
5. 上記1〜4の動きを逆にして行い、元の位置に戻る

1 手の甲を正面に向ける

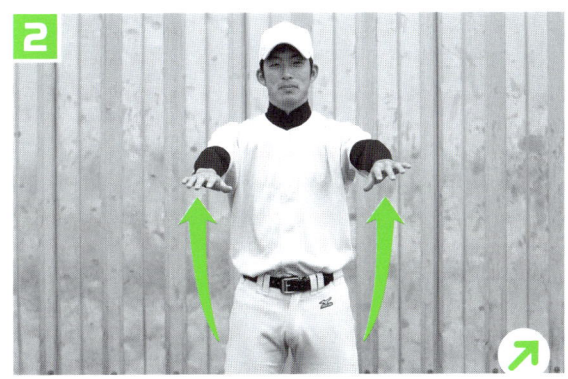

2 両腕を伸ばして引き上げる

3 胸まで両ヒジを引き寄せる

4 ヒジの高さを変えずに腕を上げる

指導のポイント ─ 一定のリズムに合わせて

一つひとつの動きを一定のリズムに合わせて、流れを止めずに、丁寧に行うことです。両腕をしっかり引き寄せれば、胸の筋肉のストレッチにもなるので、より効果的です。

menu 195 肩の伸展と腰の屈曲

BASEBALL Lesson Menu 210

ウォーミングアップ
時間 各10～20秒

ねらい
腕を後ろに伸ばすことで、肩の回転をスムーズにし、可動域を広げます。同時に腰のストレッチも組み合わせます。

練習方法
1. 両手を身体の後ろで組む
2. 腰を前に曲げて、両肩を伸展させる
3. できるだけ両腕を高く持ち上げる

1 身体の後ろで両手を組む 
2 左右の肩甲骨を引き寄せるように腕を上げる 
3 腰を曲げ、両腕を高く持ち上げてキープする

menu 196 手首のストレッチ

BASEBALL Lesson Menu 210

ウォーミングアップ
時間 各20秒

ねらい
手首を中心とした、腕全体のストレッチです。

練習方法
1. 右手の手の平を上にして前に伸ばす
2. 左手で右手の指のつけ根を握り、手前90度に曲げてキープ
3. 次に、右手の手の平を下にして前に伸ばす
4. 左手で右手の指のつけ根を持ち、手前90度に曲げてキープ
5. 反対側の手も同様に行う

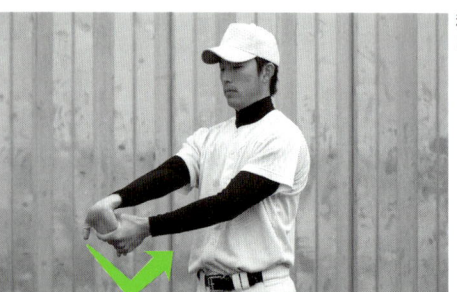

利き腕は念入りに行う

腕全体が伸びるまでキープする

menu 197 手首と足首を回す

ウォーミングアップ
回数 20回

ねらい
手首と足首をほぐします。よく使う部位なので、丁寧に行います。

練習方法
1. 両手を組んで、組んだ部分を回す
2. つま先を地面に立てて、その場で、穴を掘るようにゆっくり回す
3. 手首、足首を同時に回す

簡単な動きのため、投げやりになりがちだが、より丁寧に行う

---

menu 198 キャット&ドッグ

ウォーミングアップ
回数 15回×3セット

ねらい
四つんばいになって、腰や背中全体を丸めたり、そらしたりします。

練習方法
1. 四つんばいになり、両手は肩幅、両ヒザは10cmぐらい開く
2. 息を吸いながら、ヘソをのぞき込むように、背中を丸くして5秒キープする
3. 息を吐きながら、背中をそらす
4. 上記2、3を繰り返す

できるだけ背中を丸めて肩甲骨を開く

細く長く息を吐いて、肩甲骨を閉じる

menu 199 両ヒザを着いてひねる

BASEBALL Lesson Menu 210

ウォーミングアップ
回数 15回×3セット

ねらい
四つんばいから身体をひねって、体幹部分に刺激を与えます。胸を開くイメージで行います。

練習方法
1. 四つんばいの姿勢から、右手を右耳に当てる
2. 息を吐きながら、右手を下げて10秒ぐらいキープ
3. ゆっくり戻して、頭上に引き上げて10秒ぐらいキープ
4. 左右15回ずつ行う

1 右手を右耳に当てる
2 首の角度や力加減は自分で調整する
3 右腕を天井を向くように上げる

---

menu 200 腰の側屈

BASEBALL Lesson Menu 210

ウォーミングアップ
回数 各10回

ねらい
体側を伸ばすストレッチです。

練習方法
1. 足を肩幅よりも広く開いて立ち、手は腰の位置へ
2. 前に傾かないように、右方向へゆっくり上体を傾ける
3. 身体を元に戻し、反対側に曲げる

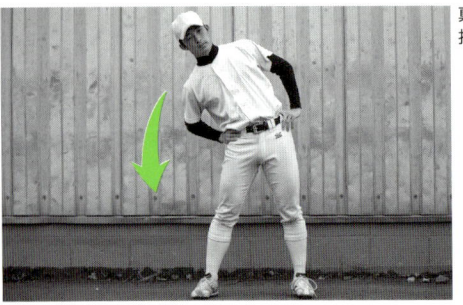

真横に身体を折り曲げる

左右のバランスもチェックする

menu 201 ヒザ回し

BASEBALL Lesson Menu 210

ウォーミングアップ
回数 各10回

ねらい
ヒザ周りの筋肉をほぐすストレッチです。

練習方法
1. 前かがみになり、両手をヒザに置く
2. 呼吸を止めずに、ゆっくりと右方向に回す
3. 左右10回ずつ行う

[1] 両手をヒザに置く

→

[2] 足元が動かないように、ヒザを回す

menu 202 上半身をひねる

BASEBALL Lesson Menu 210

ウォーミングアップ
回数 各5回×2

ねらい
腰周りを中心に、身体を大きく動かしてほぐしていきます。

練習方法
1. 足を肩幅より広めに開いて立つ
2. 前かがみになり、右手を左足の甲にタッチし、左手は上へ伸ばす
3. 続けて、左手を右足の甲にタッチし、右手は上へ伸ばす

意識して身体を大きく動かす

上げている方の腕もしっかり伸ばす

01 送球・捕球
02 打撃
03 走塁
04 投球
05 捕手
06 守備
07 フォーメーション
08 ウォーミングアップ

211

menu 203 開脚前屈

BASEBALL Lesson Menu 210

ウォーミングアップ
時間　各10秒×3セット

ねらい
開脚して上半身を倒すことで、倒した側の足の太モモの裏が伸ばされる。また、倒す方とは反対側の脇腹も伸ばされる。

練習方法
1. 地面に両足を大きく開いて座る
2. 息を吐きながら、右側に上半身をゆっくり倒していく
3. 左側や前方へも身体を倒していく

両足のつま先が真上に向くよう両足を広げ、倒した方の足首が持てるように

息を吐きながら、ヘソを地面に近づけるイメージで倒す

menu 204 全身をひねる

BASEBALL Lesson Menu 210

ウォーミングアップ
回数　各10回

ねらい
地面に寝転がり、主に臀部から体側、大胸筋の筋肉をほぐします。ひねっている方の肩が地面から浮かないように気をつけます。

練習方法
1. 地面に両手、両足を左右に広げて寝転がる
2. 右足を身体の左側に倒して、腰をひねる
3. 反対側も同様に行う

伸ばしている足は真っすぐにする

menu 205 バットを持って前に進む

ウォーミングアップ
回数 20m×2回

ねらい
バットを持って歩き、股関節や太モモの前部を伸ばしていきます。

練習方法
1. バットの両端を持ち、高く頭上に掲げて立つ
2. 2歩前に進み、3歩目は大きく踏み出し、腰を沈める
3. 身体がブレないように数秒キープ
4. 2歩進み、反対の足を大きく踏み出し、腰を沈める

1 バットを掲げ、胸を張って歩く

→

2 左右のバランスに気をつけ、できるだけ腰を沈める

menu 206 バットを持って横に進む

ウォーミングアップ
回数 20m×2回

ねらい
内太モモ、外モモの筋肉を伸ばしていきます。

練習方法
1. バットの両端を持ち、高く掲げて立つ
2. 横向きで1歩ずつ腰を落として進む
3. 一定の高さを保つように注意する

1 背中が丸まらないように顔を上げて行う

→

2 できるだけ腰を落として進む

menu 207　BASEALL Lesson Menu 210
2人1組でヒジと肩のストレッチ

ウォーミングアップ
時間　各10〜20秒

ねらい
ヒジと肩のストレッチを行います。補助をつけて、広範囲まで曲げていきます。

練習方法
1. 1人がヒザ立ちして、右ヒジを上げる
2. もう1人が後ろへ回り、相手の右ヒジを持つ
3. ゆっくりヒジを後ろへ引く
4. できるだけ押したら、10〜20秒キープ
5. 反対側も同様に行ってから、交代する

力加減を聞きながら、曲げる範囲を広げていく

---

menu 208　BASEBALL Lesson Menu 210
2人1組で肩甲骨周りのストレッチ

ウォーミングアップ
時間　10秒〜20秒×2回

ねらい
両ヒジを背中で寄せて、肩甲骨周りのストレッチを行い、肩の可動域を広げていきます。

練習方法
1. 1人が肩幅に足を開いて立つ
2. もう1人は後ろへ回り、両手で相手の両ヒジを合わせるように外側から持つ
3. ゆっくりヒジとヒジをできるだけ近づけたら、10〜20秒キープ

補助の選手は左右のバランスなど気づいたことを伝える

menu 209

BASEBALL Lesson Menu 210

2人1組で下半身のストレッチ①

ウォーミングアップ
時間 各10〜20秒

ねらい　太モモの裏の筋肉を伸ばします。

練習方法
1. 1人が地面に寝転がり、右足を上げる
2. もう1人が上げた右足のカカトとヒザを持つ
3. カカト中心にゆっくりと押し出す
4. できるだけ前方へ押し、10〜20秒キープする
5. 反対側の足も同様に行う

伸ばしている足が浮かないように気をつけ、カカトから押す

menu 210

BASEBALL Lesson Menu 210

2人1組で下半身のストレッチ②

ウォーミングアップ
時間 各10〜20秒

ねらい　ヒザや太モモの裏から、お尻にかけての筋肉を伸ばします。

練習方法
1. 地面に寝転がり、足を反対の太モモにかける
2. もう1人は、両手を相手のそれぞれのヒザに置く
3. 寝転んだ人を、ゆっくり上から下へ力を加える
4. できるだけ下に押し、10〜20秒キープする
5. 足を組み変えて、同様に行う

徐々に力を加えながら真下に押す

---

01 送球・捕球
02 打撃
03 走塁
04 投手
05 捕手
06 守備
07 フォーメーション
08 ウォーミングアップ

215

付録① 試合日誌のつけ方

◎夢をかなえる「野球日誌」

レベルアップするのに非常に役立つのが日誌です。
多くのスポーツ選手も実践。何をどう書けばいいかを解説します。

日誌をつけることで課題が見つかる

　自分の成長を促し、目標を達成するために、野球日誌をつけることをお勧めします。自分の練習内容やその成果を書きとめ、日誌を見直してプレイを振り返ることで、次の課題が見つかり、レベルアップにつながります。

　自分はどうなりたいのか？　そのためには何が必要なのか？　何が不足しているのか？　そういったことは、選手自身にしか分かりません。問題や悩みを明確にし、それを解決するためにはどうすればいいかを自分で考えて、課題をクリアするため、思考を整理するツールが野球日誌なのです。

　試合は勝敗だけがすべてではなく、その過程で得られた経験を、次にどう活かすかが重要です。できれば日々の練習日誌を毎日つけられるのが理想ですが、難しければ、まずは試合ごとの記録をつけることから始めてみましょう。

　求められるのは「考える野球」。自分で考えて、自分で問題を解決できる力を、野球日誌により培うことができます。

本書付録の『試合日誌』で自分のプレイを振り返る

　野球日誌はふつうの大学ノートでいいので、その日の反省点や、よかった点、気づいた点などを、自由に書くとよいでしょう。テレビで見た参考になるプレイを書きとめるのも効果的。トレーニングの記録は書き続けることで、積み重ねてきた努力が自信になります。

　夢や目標は、頭の中で思うだけではなく、書き出すとかなう確率が高くなるといわれています。「地区大会で優勝する」「全国大会に出場する」など、具体的な内容であるほど効果的です。日誌をつけることには、「目標達成の可能性が高まる」「練習のモチベーションがアップする」「自分の成長が実感できる」などのメリットがあります。

　本書では、プレイを具体的に振り返ることができる『試合日誌』を付録として用意しました。決まったフォーマットに従って書き入れていくだけで、自分のプレイを振り返ることができます。何を書けばいいかわからない人でも、記録に残せます。

　また、市販されている物もありますので、自分に合った物を活用してみてください。

本書付録の「試合日誌」の書き方

打者・野手用

打球方向
この日の試合で放った打球の方向、行方を記入する

守備機会
守備の時に、どの位置でボールを捕球したかをマークする

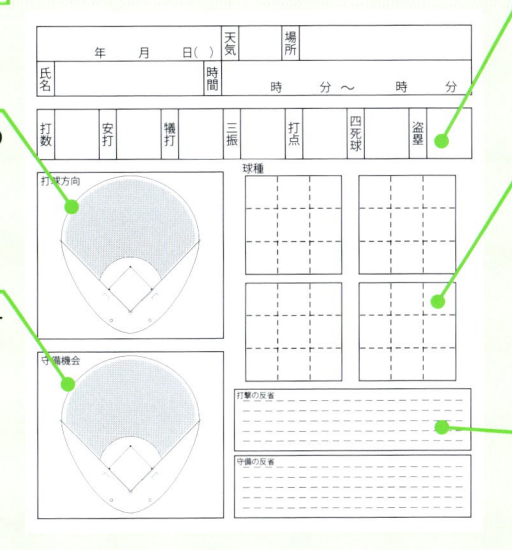

打撃成績
自分の打席の成績を記録する

球種
打席の球種をつける
（記入例：●ストレート、■カーブ、＞シュート、＜スライダー、▼フォーク、☆ツーシーム、★チェンジアップ）

反省コメント
記入した記録を元に試合での反省点や気づき、今後の課題、対策などを書く

投手用

投球内容
試合の投球結果を記録する

自己採点表
本書で紹介している球種を、4段階評価で自己採点する。よくできたら4、まったくできなければ1とする

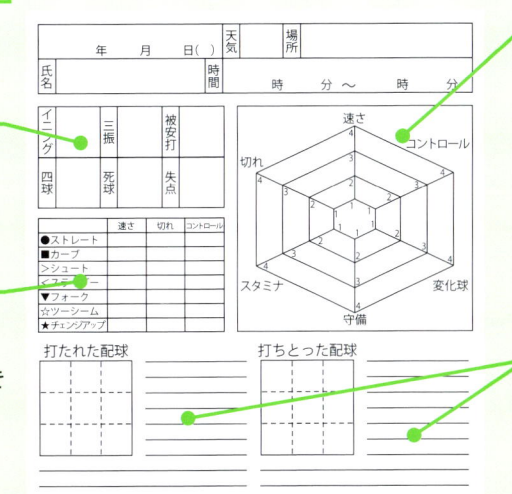

評価チャート
自己採点表でつけた「速さ」「切れ」「コントロール」の平均値と、「スタミナ」「守備」「変化球」の4段階評価を行い、チャート化する

打たれた配球 打ち取った配球
この試合で一番良かった配球と、一番悪かった配球を記入し、その原因と対策、今後の課題を書き込む

打者・野手用

年　　月　　日（　）	天気	場所	
氏名		時間	時　　分　〜　　時　　分

打数	安打	犠打	三振	打点	四死球	盗塁	

打球方向

守備機会

球種

打撃の反省

守備の反省

投手用

氏名	年　　月　　日（　）	天気	場所	
	時間	時　　分　〜　　時　　分		

イニング	三振	被安打
四球	死球	失点

	速さ	切れ	コントロール
●ストレート			
■カーブ			
＞シュート			
＜スライダー			
▼フォーク			
☆ツーシーム			
★チェンジアップ			

レーダーチャート：速さ・コントロール・変化球・守備・スタミナ・切れ（各4段階）

打たれた配球

打ちとった配球

付録② 試合と練習の年間スケジュール

◎年間計画を立てて強化に励もう

上達するには行き当たりばったりのトレーニングを行うのではなく、計画性が何よりも大切。そのポイントを紹介します。

目標の大会に向けて３つの視点を意識する

どんなチームでも目標とする大会があるはずです。その大会に向けて、「がむしゃらに練習する強化の時期」「練習試合を繰り返して調整する時期」「本来の力をコンスタントに出せる維持の時期」という3段階に分けた視点を持つようにしたいものです。そうすることで、今、何をしなければならないかが、段階的に、順を追って、見えてくるのです。

ダッシュと筋トレが有効。自主トレは継続が力になる

トレーニングについてのポイントを紹介しましょう。「野球選手はとにかく走れ」ということをよく言われますが、よい選手になるには強い脚力と背筋が必要です。走れば走るほど、この部分が強くなり、比例して技術も上達するのです。野球選手に必要なのは、長距離走よりも短距離走。端的にいえば30mを最高のスピードで走れればいいともいえます。そのためには、本書でも取り上げたスタートダッシュの練習を繰り返し行うのが効果的です。

また、筋力トレーニングも近代野球に欠かせない練習のひとつです。目的は「筋力の強化」「筋力の維持」「関節の柔軟性向上」です。週2～3回のペースで行い、効果が現れてきたら徐々に負荷を増やしていきましょう。

レギュラーに入れるかどうかは、冬の基礎トレーニングの時期をどう過ごすかに左右されます。例えば、この時期のトレーニング種目は「ランニング」「縄跳び」「スクワット」「バットスイング」などをしっかりしておくのがお勧め。張り切りすぎて、3日坊主で終わらせてしまわないように注意してください。自主練習は、継続することが何よりも大切です。

バイオリズムを把握して試合で結果を出す

指導者は、日ごろから選手のバイオリズムを把握するように努めましょう。調子の上がっている選手を試合に起用すると、当然結果もよくなります。選手自身が自分のコンディションを自覚するためにも有効です。

シーズン中の体調や、精神的、技術的バイオリズムを、簡単に評価できる内容を工夫し、表にして記録をつける習慣を持つとよいでしょう。

※バイオリズム……身体のリズム。身体や感情、心の一定の周期的な変動。体調のことをいう場合もある。

トレーニングの年間スケジュールは？

私が指導した大学野球をはじめ、アマチュア野球では春と秋のリーグ戦がメインで、勝ち点を得るために、日々練習に励んでいます。オフも自主練をし、他大学や社会人チームとの練習試合を重ねながら、ピークを春・秋の両リーグに合わせます。下の表を参考に、チームの年間計画を立ててみましょう。

時期	月	内容
強化の時期①	1月	自主練習、練習はじめ
	2月	後期試験（オフ）
		春季キャンプ
調整の時期②	3月	春季オープン戦
		卒業式
維持の時期③	4月	入学式、新入生入部
		春季リーグ戦
	5月	春季リーグ戦
		各地区の大学野球選手権
	6月	全日本大学野球選手権
強化の時期①	7月	前期試験（オフ）、レギュラー争い
	8月	秋季キャンプ
調整の時期②		秋季オープン戦
維持の時期③	9月	秋季リーグ戦
	10月	秋季リーグ戦
		各地区の大学野球選手権
	11月	明治神宮野球大会
強化の時期①	12月	年末オフ

　1月はオフシーズなため、自主練習をします。ティーバッティングやキャッチボールをしながら守備の基礎練習と、体力トレーニングを行います。2月頃からキャンプで徐々に実戦的な練習に入ります。

　3月から、様々な大会が始まるので、目標を持って臨むようにしましょう。4月から春季リーグ戦が始まり、勝ち進めば6月の全国大会出場です。また新学期が始まり、新入生が入部する時期でもあります。

　7月は夏季休業となり、野球部も上旬にオフになります。上級生と1年生を交えたレギュラー争いは、この頃から行われます。

　夏のキャンプなどで、めいっぱい練習に時間を割き、チームの強化と見直しを図ります。オープン戦を経て、9月の秋季リーグ戦を迎えます。勝ち進めば、11月の明治神宮大会出場です。出場できなかった場合は、4年生はここで引退となり、新チームが発足となります。12月下旬から冬季休業に入り、年末年始はオフになります。

慶應義塾体育会野球部　総監督
江藤省三

1942年生まれ。熊本県出身。右投げ右打ち。1961年中京商業高校（現中京大中京高校）野球部主将として春夏甲子園出場を果たす。1965年慶應義塾大学野球部主将となり、二塁手として初の四季連続ベストナインに選出。同年第6回アジア野球選手権大会では優勝、MVPに輝く。1966年からプロ野球選手として、読売ジャイアンツや中日ドラゴンズで活躍する。通算成績は464試合で打率.267、12本塁打、65打点。1976年引退後は読売ジャイアンツ、千葉ロッテマリーンズ、横浜ベイスターズ（現横浜DeNAベイスターズ）のコーチを歴任。1999年にはJOC強化コーチに務めた。2009年には、元プロ選手としては初めて慶大監督に就任し、2010年春のリーグ戦で優勝するなど、2度のリーグ制覇を果たす。2013年11月任期満了により退任後は、慶應義塾体育会野球部史上初の総監督に就任。プロアマどちらにも精通する監督として、附属高校の指導に期待が高まる。

あとがきにかえて

　40年以上、プロ野球の世界で生きてきた私が、母校の大学の監督を引き受けることになり、若い選手たちと共に、練習と試合の日々を4年間一緒に過ごすことができました。おかげで、11季ぶりの春季リーグ優勝を果たすなど、よい思い出もできました。

　こうした経験ができたのも、私の野球人生を支えてくれた多くの人たちのおかげであり、私の指導についてきてくれた選手たちのおかげでもあります。

　そして、50年以上断絶が続いていたプロ・アマの垣根を越えて、元プロ野球選手が学生野球を指導できる時代がきました。私も、総監督として「夢のまた夢」と思っていた高校球児を指導することに、心を燃やしています。

　私は選手を指導する時に、「教学半（きょうがくはん）」をモットーに掲げてきました。「教うるは学ぶの半ばたり」と読みます。人に教えることは、

モデル

投手　山形晃平

捕手　神谷英政

野手　荒川健生

野手　牧野恭法

野手　佐藤達路

野手　市村哲也

半分は自分の学びにもなるという意味です。今でも、学生を指導しながら、多くのことを選手から学んでいます。とても幸せなことだと思っています。

　私があらたな指導者の道を歩むために、野球の基本を見直し、野球人生の原点に立ち戻ったつもりで取り組んだのがこの本になります。プロ野球や大リーグでやっている練習方法も多く載せています。

　大学の監督をしていた時、本書でも取り上げたバントや素振りを1日1000本、1500本と選手に繰り返し練習させました。最初は、不満顔だった選手たちも、やっていくうちにみるみる上達する自分の打撃力に驚き、喜ぶ姿が今でも印象に残っています。

　本書が、選手と指導者の助けとなり、野球をする面白さ、素晴らしさを読者に感じてもらえれば、何よりの喜びです。

江藤省三

STAFF

プロデューサー
松尾里央（ナイスク）

企画・編集
ナイスク　http://naisg.com
松尾喬　高作真紀　岸正章　趙仔衡　西澤直矢

撮影
松園多聞

執筆
木場孝　吉田正広

デザイン・DTP
サン企画

イラスト
高橋道彦　丸口洋平

絶対上達！
野球練習「走・攻・守」完全マニュアル

2014年　4月8日　初版　第1刷発行

監修　　江藤省三
発行人　村山秀夫
発行所　実業之日本社
　　　　〒104-8233　東京都中央区京橋3-7-5 京橋スクエア
　　　　電話　03-3535-3361（編集）
　　　　電話　03-3535-4441（販売）
　　　　URL　http://www.j-n.co.jp/
印刷所　大日本印刷
製本所　ブックアート

©Shozo Eto 2014 Printed in Japan
ISBN 978-4-408-33112-6（編集企画第一部）

本書の一部あるいは全部を無断で複写・複製（コピー、スキャン、デジタル化等）・転載することは、法律で認められた場合を除き、禁じられています。また、購入者以外の第三者による本書のいかなる電子複製も一切認められておりません。
乱丁本・落丁本の場合は、お取り替えいたします。
実業之日本社のプライバシーポリシー（個人情報の取り扱い）は、上記アドレスのホームページをご覧ください。